北京奥运交通丛书之三

北京奥运交通规划

Beijing Olympic Transport Planning

刘小明　全永燊　张　仁　陈燕凌　孙壮志　编著

北京市交通委员会
北京交通发展研究中心　组织编著

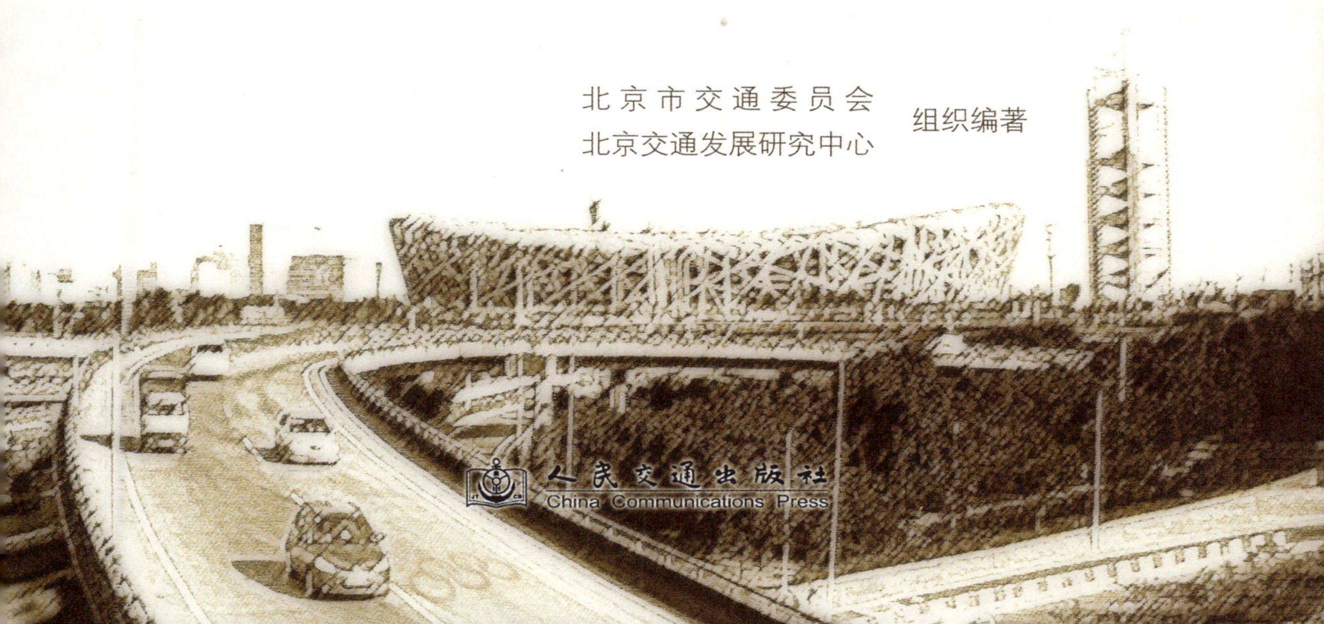

人民交通出版社
China Communications Press

内容提要

本书是北京奥运交通丛书之三，内容包括：概述、交通战略规划、交通基础设施规划、交通运行规划及规划方案的评估与优选。

本书可作为政府部门、大型活动组织人员决策和工作参考书，也可作为交通工作者、科技工作者、教育工作者研究和教学的参考资料。

图书在版编目（CIP）数据

北京奥运交通规划 / 刘小明等编著. -- 北京 ：人民交通出版社，2010.7

（北京奥运交通丛书 ；3）

ISBN 978-7-114-08507-9

Ⅰ. ①北… Ⅱ. ①刘… Ⅲ. ①奥运会—交通规划—研究—北京市 Ⅳ. ①G811.21②U491.1

中国版本图书馆CIP数据核字(2010)第119632号

书　　名： 北京奥运交通丛书之三
北京奥运交通规划
著 作 者： 刘小明　全永燊　张　仁　陈燕凌　孙壮志
责任编辑： 戴慧莉
出版发行： 人民交通出版社
地　　址：（100011）北京市朝阳区安定门外外馆斜街 3 号
网　　址： http://www.ccpress.com.cn
销售电话：（010）59757969，59757973
总 经 销： 人民交通出版社发行部
经　　销： 各地新华书店
印　　刷： 北京市盛通印刷股份有限公司
开　　本： 787 × 980　1/16
印　　张： 11
字　　数： 202 千
版　　次： 2010 年 7 月　第 1 版
印　　次： 2010 年 7 月　第 1 次印刷
书　　号： ISBN 978-7-114-08507-9
定　　价： 68.00 元

北京奥运交通丛书
编著委员会

前 言
Preface

2008，百年奥运，中华圆梦。

在党中央国务院的坚强领导下，在北京市委市政府和北京奥组委的统一指挥下，在国际奥委会国际残奥委会和相关国际组织的积极帮助下，在全国各族人民的大力支持下，北京奥运会残奥会圆满成功。北京奥运会残奥会实现了有特色、高水平和两个奥运同样精彩的目标，达到了让国际社会满意、让各国运动员满意、让人民群众满意的要求，全面兑现了向国际社会作出的郑重承诺。北京奥运会残奥会的成功举办，为我们留下了丰富的物质财富和精神财富，同时也积累了宝贵的经验。奥运会后，北京市委市政府站在新的起点上，认真贯彻落实科学发展观，坚持“绿色奥运、科技奥运、人文奥运”理念，大力推进人文北京、科技北京、绿色北京建设，努力把首都建设成为繁荣、文明、和谐、宜居的首善之区。

北京奥运会残奥会的交通问题一直是国际社会关注的热点之一。从 2001 年申奥成功至 2008 年奥运会残奥会举办，这 7 年间，为实现申办奥运交通承诺，首都交通人深入学习实践科学发展观，全面践行“绿色奥运、科技奥运、人文奥运”理念，了解奥运交通需求、编制奥运交通规划、加快奥运交通建设、制订奥运交通政策、实施交通科技创新、评估奥运交通风险、落实奥运交通方案等，实现了北京奥运会残奥会期间交通安全顺畅，公共交通和城市货运保障有力，赛事交通与社会交通和谐运转，受到了国际社会、各国运动员和广大北京市民的高度称赞。

“新北京、新奥运”战略为北京交通的跨越式发展提供了难得的机遇：创新了科学高效的交通管理体制和运行机制；建成了一大批交通基础设施；大力优先发展公共交通，使人民群众普遍得到实惠、出行更加便捷；智能交通等一批科研成果得到了推广应用，城市交通管理服务水平进一步提高；实施了交通需求管理政策，积累了城市交通管理的成功经验；开展了交通安全隐患排查治理和交通应急演练，全面实现了“平安奥运”交通目标；成功实施了奥运交通运行各项方案，为举办大型活动做好交通保障积累了宝贵经验；锻炼培养了一批懂技术、能管理、会服务、高素质的交通服务团队和人员；首都交通行业服务意识和服务水平大幅提高，交通志愿者热情服务成为了首都窗口服务行业的靓丽风景；“公交优先、绿色出行”的理念更加深入人心；交通规划、建设、运营、管理、服务水平明显提升，为北京奥运会残奥会提供了强有力的交通保障。

北京奥运会残奥会交通保障任务的圆满完成，为我们留下了丰富的物质财富和精神财富，同时也积累了宝贵的交通发展经验。站在新的发展起点上，北京市委市政府提出了今后一段时期建设以“人文交通、科技交通、绿色交通”为特征的新北京交通体系的目标，制订印发了《北京市建设人文交通科技交通绿色交通行动计划》，为建设“人文北京、科技北京、绿色北京”，努力把北京建设成为繁荣、文明、和谐、宜居的首善之区提供强有力的交通支持。

为进一步坚持以科学发展观为指导，借鉴奥运交通保障的成功经验推动首都交通发展，为大型活动交通保障提供借鉴，并为教学、科研人员提供研究参考，北京市交通委员会、北京交通发展研究中心组织有关人员编著了《北京奥运交通丛书》。这是集体智慧的结晶，也是将实践经验、科研成果与理论相结合的有益探索。

《北京奥运交通丛书》共分 8 册，从奥运交通需求、规划、建设、运行、政策、科技、安全应急等方面对北京奥运交通进行了较为全面的描述。《北京奥运交通总论》介绍了奥运交通工作的主要内容及做法经验；《北京奥运交通需求》介绍了北京奥运交通服务标准、需求特征、需求分析和北京奥运需求情况等内容；《北京奥运交通规划》介绍了北京奥运申办以来交通规划系统的构成及主要规划内容；《北京奥运交通建设》介绍了北京奥运筹办期间城市交通基础设施及奥运期间临时交通设施的建设情况；《北京奥运交通政策》介绍了北京奥运期间采取的交通需求管理政策制订过程及方法，实施效果及其评价；《北京奥运交通运行》介绍了北京奥运赛时期间交通运行和交通保障过程；《北京奥运交通科技》介绍了北京奥运筹办举办过程中智能交通技术和新技术、新材料、新工艺在交通中的应用；《北京奥运交通应急管理》介绍了北京奥运期间交通安全风险评估、交通应急管理等内容。

《北京奥运交通丛书》的编写力求采取理论和实际相结合的手法，既反映北京奥运申办、筹办、举办过程中的交通筹备、运行组织过程，也论述了大城市交通发展和大型活动的交通规划、建设、组织、管理等相关理论问题，提出了一些新理念、新观点、新方法，并进行实证分析，希望能让广大读者从中获益和启迪。

由于时间仓促，加上编写水平有限，不妥之处敬请广大读者批评指正。

《北京奥运交通丛书》编著委员会

2010 年 2 月

目　录

Contents

1 概述 001~006

1.1 交通规划总体目标和主要内容……001

1.2 交通规划体系与规划系统集成……001

2 交通战略规划 007~022

2.1 《北京交通发展纲要》……007

2.2 战略方案设计与测试……013

3 交通基础设施规划 023~084

3.1 交通基础设施总体规划的基本策略……023

3.2 城市交通基础设施专项规划……024

3.3 奥运场馆交通设施专项规划……043

3.4 场馆交通设施规划实例——奥林匹克公园……045

3.5 场馆交通设施规划实例——五棵松场馆群……075

3.6 部分场馆交通规划的共性问题及解决方案……083

4 交通运行规划 085~148

4.1 交通运行规划的策略原则……086

4.2 场馆交通运行规划……086

4.3 奥运专用道规划……087

4.4 奥运公交专线规划……100

4.5 出租汽车奥运赛时运营组织规划……130

5 规划方案的评估与优选 149~157

5.1 规划方案评估的必要性……149

5.2 交通规划方案评估的方法与技术手段……150

图索引……158

表索引……162

后　记……164

参考文献……165

1 概 述

1.1 交通规划总体目标和主要内容

奥运交通规划的总体目标是在保证城市交通可持续发展的前提下，以尽可能少的资源消耗和环境影响，全面满足奥运交通服务要求。

奥运交通规划是由很多相互关联的专项规划构成的一个系统，其主要内容包括交通战略规划、城市交通基础设施规划、城市综合交通系统运行规划、交通需求管理规划。城市交通基础设施规划又包括对外交通枢纽规划、道路网系统规划、轨道网规划、公交网规划、城市公共交通枢纽、奥运场馆周边交通设施规划等。城市综合交通系统运行规划包括道路运行管理规划、轨道交通运行规划、城市公交运行规划、出租汽车运行规划、城市货运运行规划和与奥运赛事服务相关的规划，如奥运专用道规划、奥运公交专线规划、奥运出租汽车服务规划、场馆交通组织规划等。

1.2 交通规划体系与规划系统集成

往届奥运会对上文各项规划逐项编制时，有一个难以解决的问题就是如何处理这些规划之间复杂的交互关系，更为棘手的问题是如何处理它们与交通领域之外的其他规划（既有指导交通规划的上位规划，如城市土地利用规划，也有与之平行但又相互制约的规划，如场馆设施规划、安保规划等）的互动衔接关系。

实际上，数十项交通专项规划，都是互为依据、彼此之间存在交互链结关系的。各项规划分别处于不同层次、有不同的功能目标，由内容关联性构成的相互制约链条把它们组成一个有机的整体。

1.2.1 交通规划体系的结构层次与相互关系

从规划层级上来说，奥运交通规划可分为战略目标层、总体规划层、城市基础交通规划层和奥运专项规划层四个层级，每个层级有各自的目标和定位（图 1–1）。

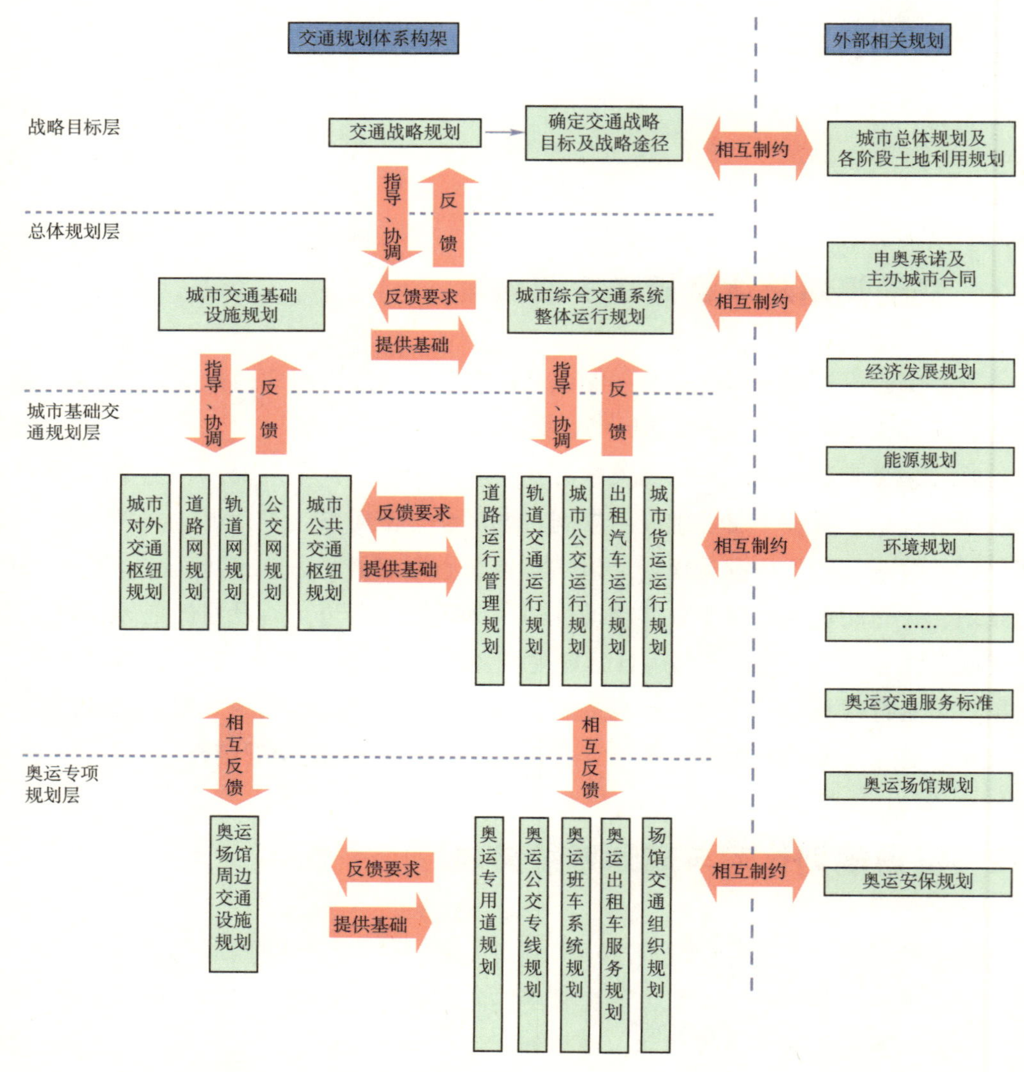

图1–1　奥运交通规划体系层次结构

战略目标层是交通规划体系的最高层，它为以下三个层次规划规定各自的目标、基本原则和应当包含的成果内容。北京市于2004年颁布的《北京交通发展纲要（2004 ~ 2020）》（简称《纲要》），综合考虑奥运期间交通需求和城市中长期可持续发展而制订城市交通远期和近期发展目标，就属于这个层次的规划。

总体规划层是以城市总体发展目标及城市综合交通规划为依据，制订奥运交通发展战略目标，提出实现战略目标的基本策略和各项战略任务实施计划与保障政策。

城市基础交通规划层是以上两个规划层面提出的总体目标、战略任务为依据，着重研究城市日常运转的交通服务体系外延扩充和内涵改造的任务与实施途径。具体包括：城市交通基础设施规划和城市综合交通体系整体运行规划。这一层面是整个规划体系承上启下的重要环节，也是整个交通规划体系的核心部分。其中，城市交通基础设施规划是以满足城市可持续发展需求为前提，兼顾奥运需求而制订的城市骨干基础设施网络建设规划；城市综合交通系统整体运行规划以奥运会期间可提供的基础设施为前提，配置和有效利用各项交通资源，建立一个满足赛时需求的高效运行系统。

奥运专项规划层是应对奥运会交通需求而编制的一个特有的规划层次。规划项目分两个部分：基础设施规划和交通运行规划。基础设施规划主要包括奥运场馆周边交通设施规划等，交通运行规划包括奥运专用道规划、奥运公交专线规划、奥运出租汽车服务规划、奥运场馆交通组织规划（包括奥运会残奥会的开闭幕式交通组织规划）等。

如前所述，四个规划层次由上至下，是逐级辖属的关系，下一层次受上一层次的指导和要求，同时也向上一层次提出反馈意见，作为上一层次规划调整、落实的依据。

战略目标层提出远期和近期交通发展目标，以指导总体规划层。总体规划层需要按照这个目标制订相应的基本策略、战略任务实施计划与保障政策等，同时要向战略目标层反馈各种策略实施的难度和代价，必要时可提出调整战略目标的要求。

城市基础交通规划层是总体规划层制订各项策略的具体落实。例如，总体规划层提出加快城市交通结构优化调整，在城市基础交通规划层就要加大公共交通网络的规模，改善运营模式。同时，城市基础交通规划层也要向上一层反馈方案实施的可行性，对总体规划层提出修改建议。

奥运专项规划层的各项规划与城市基础交通规划层有着非常紧密关系。城市基础交通设施和交通运行系统是奥运交通规划的基础，而奥运交通规划提出的方案可能要对城市基础设施和交通运行方案进行修改或修正。例如，在进行奥林匹克公园综合交通规划时，考虑过境交通对奥运公园地区的影响，对总体规划道路网规划进行了修编，将中轴路（四环路以北段）规划为步行街，同时提升北辰西路和北辰东路的道路等级；为了改善奥运期间场馆周边的交通设施水平，很多连接场馆及场馆周边的道路都在建设时序上加以提前。

在同一层次上的多项规划也同样存在相互制约、相互反馈的关系。例如，在城市基础交通规划层次内，城市交通基础设施规划和城市综合交通系统整体运行规划共同构成了城市交通供给系统，并以满足交通需求为目的。前者是后者的基础，在基础设施条件下建立的交通运行系统具备一定的能力，此能力如果不能满足交通需求，就要重新研究交通基础设施规划的合理性，可能需要从建设项目的选择、建设时序安排等方面重新调整规划，或者对交通需求管理方案作出调整。同理，虽然交通需求管理的规划方案是基础设施建设规划的依据条件之一，但在研究编制需求管理方案之后，也可能要对基础设施的规模提出修正，系统也要作相应调整。此外，交通需求管理政策导致需求的结构、时空甚至交通运行组织规划也要作相应调整，而这种调整又将引起基础设施建设规划的相应更改。同一层次各项规划编制过程中，多重交互关系决定了整个编制过程中反复地相互反馈和反复迭代修正的编制流程。

战略目标层与总体规划层的各项规划的这种制约与反馈的关系可能更为复杂，它更多地涉及交通规划与城市总体规划，以及已经纳入经济社会发展规划中的五年交通投资规划等外部规划之间的交互关系，影响范围大，协调难度也更大。比如，面对奥运交通需求与城市发展的背景需求双重叠加的特殊需求形势，交通发展与城市空间结构、功能布局之间的互动关系，就成了比以往任何时期都更为突出的关键。它既决定交通基础设施建设方向，也决定交通政策取向。只有谨慎、深入、细致地把握这种互动制约关系，与其他相关规划相衔接的前提下，才有可能完成这一层面规划编制的“反馈—修正—指导—修正—再反馈”的迭代流程。

1.2.2 交通规划体系与外部相关规划的关系

在进行交通规划的同时，除了要重视交通规划体系内各子项规划的相互制约与依存关系之外，还要认真处理与外部系统的衔接、互馈、协调关系。交通规划体系与外部系统的联系是普遍的、覆盖各个层次的。

首先，交通发展是城市发展的重要组成部分，同时也要服从并服务于城市发展的总体目标要求。城市总体规划及经济社会发展规划是交通规划的上位规划，不仅决定交通需求总量和特征，而且也决定交通供给能力及供给模式。因此，交通规划是以其上位规划为依据的。鉴于城市交通对城市发展的能动反作用，也不应忽视交通规划对城市总体规划的反馈作用。随着城市的发展，交通问题会成为影响城市发展的制约条件和城市管理的难点问题。

交通规划不仅与城市总体规划之间存在密切的相互制约、相互支持的关系，与其他相关的规划（如产业布局规划、能源规划、环境规划等）之间同样也存在相互制约、相互支持的关系。交通规划要符合其他规划提出的规定，如在环境敏感地区限制交通基础设施建设等；同时，交通规划也要给其他规划提供支持，如改善交通结构，提倡公共交通出行有利于降低能源消耗、改善空气质量等；另外，其他相关规划也要充分考虑交通承载能力，对规模有所控制、发展时序有机统一和匹配。

奥运会的相关要求和规划与交通规划也有紧密联系，奥运会申办报告《北京·2008》和《主办城市合同》中有许多关于交通的条款，《交通服务标准》中也对交通系统的指标提出了要求，这些都需要通过交通系统的规划实现。此外，许多有关奥运会的其他规划也都与交通规划相互配合、相互衔接，如《奥运场馆建设总体规划》、《奥运安保规划》、《奥运场馆运行规划》、《奥运服务规划》等，这些规划既是交通规划的基础依据，又都需要交通规划的支持。例如，在《安保规划》中规划了场馆安检口的布局和能力，为了在不同安检口之间平衡观众需求和安检能力，需要在周边公共交通系统规划的时候就充分考虑。在安检能力强的入口规划覆盖范围更广的公共交通线路，吸引观众，以达到供需均衡。

1.2.3 交通规划集成的必要性

奥运交通规划包含宏观、中观、微观三个层面数十个专项规划，每项规划的目标、功能地位、时空范围、规划依据条件、内容及成果要求都有很大差异，但这些专项规划之间却存在密切的制约关系，是一个不可分割的相互依存的整体。如何正确把握各专项规划之间以及与交通系统外部相关规划之间错综复杂的交互制约关系是困扰往届奥运会交通规划人员的一个难题。北京奥运会交通规划在认真总结以往经验的基础上，从交通规划系统集成入手，力图在破解这个难题上取得突破。

交通规划的集成，一方面是基于对各项规划之间交互关系的认识，另一方面是出于规划编制程序的科学性及规划成果可实施性的考虑。历届奥运会交通规划的实践经验表明，忽视规划体系的客观存在，忽视构成这一体系的各专项规划在体系中的客观位置及相互之间的关联性，就无法准确把握各项规划的功能目标及编制条件。

如果规划定位不明确，各规划之间的衔接关系不清楚，不进行有效整合，势必导致各专项规划目标、策略原则乃至一些重大规划不一致，甚至相悖。如下位规划不遵守上位规划提出的要求，存在的问题不及时向上位规划反馈，上位规划对下位规划存在的问题视而不见，平行规划之间的衔接错位等。所有这些难以避免的弊病不仅导致规划工作程序混乱、效率低下，而且影响规划的有效性和可实施性。

1.2.4 交通规划集成的内涵

交通规划集成就是要明确各项规划的功能地位，界定各项规划的基本目标，编制的前提条件，实施保障条件，梳理各规划的衔接关系，明确各专项规划在整个规划体系中的层级，以及它们与交通系统外部相关规划的关系。在此基础上，建立高效有序的规划编制工作程序，并对各项规划的“输入”（依据条件）与“输出”（成果反馈）制订规范要求。

2 交通战略规划[1]

交通战略规划是交通规划体系中最高层级的专项规划，是下面三个层次规划的基础和原则依据。交通战略规划要解决的问题是城市交通中长期发展战略方向、基本目标和实现这一目标的战略途径。

自2002年年初开始，北京市着手奥运会筹备期至奥运会后交通发展战略的研究，其主要成果《北京交通发展纲要》于2004年年底经市政府正式批准并向社会公开发布。在这份纲要的编制过程中，对2004～2020年期间可供选择的战略方案进行了具体设计和测试比选，作为战略规划中有关发展目标、战略途径、基本政策及行动计划论证的一个重要内容。

2.1 《北京交通发展纲要》

2.1.1 背景

《北京交通发展纲要》（简称《纲要》）的编制工作始于2002年。新世纪伊始是北京实施“新三步走”战略的重要时期，这一时期的主要任务是成功举办一届“有特色、高水平”的奥运会，全面实现“新北京、新奥运”的战略构想。

在20世纪最后的10年，尽管北京在交通设施建设与运行管理上不断加大资金投入，但由于交通需求总量的急剧增长及需求构成的多样性和复杂性，城市交通总

1 本章的主要内容及图表引自《北京交通发展纲要2004～2020》及其综合研究报告。

体形势依然非常严峻。展望未来 10 ~ 20 年，北京的经济和社会现代化、城市化以及交通机动化将同时步入高速发展期，受资源环境容量的制约，继续沿用传统的交通发展模式，将无法摆脱日益严峻的交通拥堵困扰。

正是在这一背景下，市委市政府提出要重新思考北京交通发展模式和战略目标定位，探索适合我国国情和北京市城市经济社会发展客观实际的交通战略途径。

《纲要》在总结北京及国内外同类城市交通发展历史经验的基础上，以定性与定量相结合的手段剖析了北京城市交通问题的症结，对未来供需关系发展趋势作出科学判断。在此基础上为北京量身定制了一套交通发展战略方案，提出了建设"新北京交通体系"的目标和控制性指标，并为实现这一目标制订了基本交通政策和重大行动计划。

《纲要》是一份中长期战略规划,也是指导 2004 ~ 2020 年期间北京市交通规划、建设与运营管理的一份纲领性文件;《纲要》既是政府在发展交通事业上对社会的承诺，也是规范社会公众交通行为的基本准则。

2.1.2 对交通症结的诊断

《纲要》指出:"北京交通发展既面临世界大城市普遍存在的共性问题（例如，小汽车交通需求过度膨胀，与城市资源和环境承载力的矛盾不可调和……），同时也有其自身的特殊性问题。

（1）城市建设与城市交通发展不协调。市中心区城市功能的过度聚集和土地的超强度开发导致人口与就业岗位的高度集中，带来了交通出行的高度集中，三环路以内集中了全市出行量的 50%。同时，由于交通基础设施建设与城市交通结构的优化调整滞后于城市发展，难以满足城市空间结构和功能布局优化调整的需要，在客观上助长了中心区超强度开发和无序蔓延扩展的趋势，进一步加剧了中心区的交通拥堵。

（2）公共客运交通系统基础薄弱，难以应对小汽车交通的强劲挑战。北京市处于小汽车进入家庭的快速发展期，而且小汽车在日常通勤出行中的使用率高于发达国家一些大城市的水平。市区全日小汽车出行方式比重由 1986 年的 5% 上升到 2003 年的 26%，这种出行方式的需求与道路交通基础设施供给的矛盾日益加剧，是导致城市交通拥堵的首要因素。与国外同类城市交通发展状况相对照，北京市的不利条件在于公共客运系统基础相对薄弱，轨道交通承担日常出行量的份额不足 5%，地面公交系统结构单一，难以充分满足日常出行的多样性要求。因此，在推行合理使用小汽车、改善城市交通出行结构策略上，北京比其他国际大城市更困难。

（3）城市布局与资源条件制约道路系统扩充和结构调整。中心城道路网的密度、面积率与国外同类城市有相当大的差距，在功能级配结构上也存在明显的先天性缺陷：环路之间快速联络通道建设滞后；主干道系统空间布局不均衡，贯通市区的城市南北向主干道不足；次干道、支路严重短缺，"微循环"系统薄弱；道路交叉口通行能力低，制约路网整体效能的正常发挥；封闭独立的"大院"分割城市路网，严重损害了路网系统的整体性，交通组织困难。

受特殊的城市历史和环境条件限制，中心城土地空间资源严重短缺，加之旧城风貌保护的严格要求，今后中心城路网难以大幅度扩充，路网结构调整难度更大。

（4）交通系统规划、建设、运营、管理及服务缺乏有效整合。交通基础设施规划、综合运输规划与交通组织管理规划不配套。附属道路交通设施与主体设施建设不配套。城市交通与城际区域交通网络，市区与市域交通网络，以及城市轨道交通与地面公交网络运力不匹配，衔接不顺畅。城市交通服务价格体系不完善，没有建立合理的比价关系。交通运营管理者与服务对象之间缺乏必要的信息沟通平台和手段，难以对各类交通服务需求进行有效的引导，交通设施资源未能充分有效利用。

（5）交通管理水平不适应现代交通发展的要求。交通需求管理薄弱，客货运输组织以及交通出行引导缺乏科学手段和有效措施。交通信号、标志、标线设置缺乏统一规划，交通秩序管理有待进一步加强。交通法规标准体系不健全，现代交通宣传教育不够深入。交通参与者缺乏现代交通观念，交通法制意识淡薄。

2.1.3　对供需关系发展趋势的判断

经济和社会现代化、城市化和交通机动化发展进程依然是未来城市交通发展的外部条件，而交通战略模式与政策的选择将是决定交通发展走势的内在因素。

（1）经济和社会现代化进程影响。随着国民经济总量快速增长和交通建设投融资体制改革的不断深化，未来北京城市交通建设投入将持续稳定增长。全面信息化的进程将深刻影响市民的生活和工作方式，不仅出行量将持续增长，出行结构特征也将发生重大变化。

（2）城市化进程影响。北京市将按照国务院批复的《北京城市总体规划（2004 ~ 2020）》全面实施新的城市空间发展战略，优化调整城市功能布局，逐步构建"两轴—两带—多中心"的城市空间结构。城市功能布局及空间结构的优化调整是改善中心城交通的治本之策之一，但布局调整是一个长期的渐进过程，短期内难有明显成效。

此外，北京作为环渤海地区中心城市，在区域经济和社会一体化协调发展进程中，其综合服务功能将进一步加强，城市交通综合体系也将发生重大改变。

（3）交通机动化进程影响。预计 2003 年之后的若干年，北京市民用机动车保有量的年增长率仍会保持在 10% 左右。预计 2010 年全市民用机动车保有量将达到 380 万辆左右，其中私人小汽车保有量将从 2003 年的 93 万辆发展到 280 万辆左右，家庭小汽车拥有率由 2003 年的 0.22 辆 / 户增加到 2010 年的 0.53 辆 / 户。预计 2020 年，北京市民用机动车保有量有可能突破 500 万辆，家庭小汽车拥有率可能达到 0.8 辆 / 户以上。

（4）交通需求总量大幅度增长。从 1986 年第一次出行调查以来，全市日出行量年均递增 4%，2003 年已达到 2100 万人次（不含步行出行量），增长了 87%；一次出行平均行程也由 6km 增加到 8km，出行周转量 (人 · km) 增加了 1.49 倍；市区机动车出行总量由 42 万车次 / 日发展到 345 万车次 / 日。未来交通出行需求增长突出表现在出行距离的增长和机动车出行总量的大幅度上升。预计 2010 年平均一次车行距离将可能达到 10km 左右，出行周转量比 2003 年增加 90%。

需求构成明显改变。未来交通需求特征的重大改变主要表现在需求的多样性和个性化。市民上班和上学的日常通勤出行所占份额由 1986 年的 80% 降至 2000 年的 58%，预计 2010 年，将会进一步下降到 50% 左右。市民对于出行方式、出行路线及出行时机的选择会趋于理性化，同时对交通服务的安全、快捷、舒适、经济及灵活便利方面也会有更高的要求，交通服务的供求关系将变得更加复杂。

（5）基本需求量和道路负荷水平预测。预计 2010 年全市出行总量将达到 3500 万 ~ 4000 万人次 / 日，其中，中心城出行量 2300 万人次 / 日；预计 2020 年全市出行总量将达到 5200 万 ~ 5500 万人次。2010 年预计全市道路货物运输发生量 4.5 亿 t/ 年；2020 年预计将达到 5.5 亿 t/ 年。

由于未来城市交通结构的不确定性及交通供给方式的不同，中心城的道路网高峰负荷也会有很大的差别。预计 2010 年市区道路网高峰小时负荷量为 516 万车 km，比 2003 年增长 34%左右。

总之，2010 年之前，出行需求总量和市区建设投资规模的增长趋势较为稳定；而出行需求时空分布及出行方式构成的发展趋势则有很大的不确定性。因此，未来中心城交通状况的改善关键在于城市功能布局、交通发展模式、系统整合和政策调整的力度。

2.1.4 交通发展目标与战略任务

基于对历史经验的总结、问题症结诊断以及对未来供需状况可能走势的预测判断，经过多种战略方案的测试《纲要》确定了北京近期、远期交通发展的目标和战略任务。

2.1.4.1 远期（2020 年）目标

北京交通发展的远期目标：全面建成适应首都经济和社会发展需要，满足全社会不断增长和变化的交通需求，与首都和现代化国际大都市功能相匹配的“新北京交通体系”。

“新北京交通体系”以现代先进水平的交通设施为基础，构建以公共运输为主导的综合交通运输体系；以信息化与法制化为依托，提供安全、高效、便捷、舒适和环保的交通服务；城市交通建设与历史文化名城风貌和自然生态环境相协调，引导、支持城市空间结构与功能布局优化调整，实现城市的可持续发展。

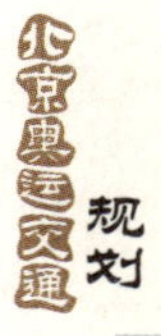

2.1.4.2 近期（2010 年）发展目标

2010 年之前，初步建成交通设施功能结构较为完善，承载能力明显提高，运营管理水平先进，基本适应日益增长交通需求的“新北京交通体系”框架，初步形成中心城、市域和城际交通一体化新格局，中心城交通状况有所缓解，为全面实现“新北京、新奥运”战略构想提供支持，为成功举办一届“高水平、有特色”的奥运会提供可靠的交通保障。

针对上述目标，《纲要》还明确制订了以下四方面的具体规划指标：

（1）完善城市快速路网，扩充次干路与支路构成的集散系统，使中心城道路网高峰小时负荷能力比 2003 年提高 40%以上，干道平均车速不低于 20km/h。

（2）建成以快速大容量客运交通为骨干、多种交通方式协调运输的城市公共客运系统，中心城公共交通出行量比例达到 40%以上。

（3）初步实现智能化交通运行管理，提高通行效率与安全水平。2010 年要基本建成具有国际化先进水平的智能化道路运行管理与出行信息服务系统以及智能化公共客运运输组织调度系统。

（4）发展绿色交通，2008 年之前机动车尾气排放达到“国Ⅳ”（欧Ⅳ）标准。

2.1.4.3 战略任务

在确定上述发展目标之后，《纲要》针对北京交通发展的实际，明确提出“必须着手优化调整城市总体布局及城市交通结构模式”，即：坚定不移地加快城市空间布局与功能布局调整，控制中心城建成区的土地开发强度与建设规模；坚定不移地加快城市交通结构优化调整，尽早确定公共客运在城市日常通勤出行中的主导地位。同时，全面整合既有交通设施资源，提高资源使用效能。

（1）城市交通与城市布局协调发展。全面贯彻实施国务院批准的《北京城市总体规划（2004 ~ 2020）》，积极推进城市空间发展战略的实施，加快构建“两轴—两带—多中心”城市空间新格局，同步实施城市功能布局的优化调整，以期从根本上缓解中心城交通紧张状况。

实施新的城市空间发展战略要以交通建设为先导，与城市交通发展战略相协调。当务之急是实施城市建设重点战略转移，严格控制中心城建设规模。旧城区实施“整体保护，有机更新”策略，严格控制建设总量；中心城建成区重点进行环境整治和基础设施改善，不再进行高强度开发；集中力量建设新城，优化调整城市功能布局，完善新城功能结构，引导中心区的就业岗位和人口向新城转移；为支持城市空间结构与功能布局调整，要重点建设贯通东部发展带以及连接新城与中心城多种交通方式兼容的复合型快速交通走廊，按规划抓紧构建新城内部交通网络体系，为新城建设提供交通支持。

（2）建设以公共运输为主导的综合运输体系。从体制、机制、政策和运行上整合规划、建设、运营、管理和服务各个环节，实现多方式交通网络的匹配与无缝衔接，以优质高效的集约化运输网络满足通勤出行和集中物流的需要，寻求资源利用和环境效益的最大化。

以城市快速轨道交通系统为龙头，全面推进现代化公共客运系统建设，加快确立其在城市客运中的主体地位。改善不同客运方式间衔接换乘条件，实现公共客运交通、自行车交通、步行交通与汽车交通多种交通运输方式协调发展，形成多方式和多层次出行服务体系。同时，建立由快速公共客运以及实施严格流量控制的快速道路（或高速公路）组成的城市快速出行服务系统与应急交通保障系统。

优化调整货运枢纽及物流园区布局，建立陆路、海上与航空综合运输体系。

2.1.4.4　基本交通政策

为完成上述战略任务，确保战略目标的实现，制订了五项基本交通政策，作为交通战略规划的重要组成部分，这是奥运交通战略规划的创新尝试。

交通先导政策：坚持城市交通基础设施建设适度超前、优先发展，充分发挥交通建设对城市空间结构调整的引导和支持作用。要继续保持与城市经济社会发展相适配的、稳定的交通建设投资规模，2010 年之前年度交通地方投资总额不低于当年

GDP 的 5%，预计 2010 年之前投资总额 2500 亿～ 3000 亿元。

公共交通优先政策：在明确“两定”（确定优先发展公共交通在城市可持续发展进程中的战略地位；确定公共客运服务的社会公益性属性）前提下，按照“公平”和“效率”原则，合理分配和使用交通设施资源。在规划、建设投资、运营扶持和改善服务等多个环节，为公共交通发展提供全面优先条件，做到：建设投资优先、设施用地优先、路权分配优先和财税扶持优先。

小汽车需求引导政策：在大力发展公共客运为主体的综合运输前提下，对小汽车交通在行驶区域、行驶时段以及停车泊位供给等方面实行差别化调控管理，特定区和特定时段实施必要的限制，保持汽车交通量与道路负荷容量协调匹配增长，确保中心城道路系统维持可以接受的适当水平。

奥运会期间，交通需求管理“一揽子”方案的制订和实施正是依据这一政策。交通需求管理“一揽子”方案取得了明显成果，并且为奥运会后建立常态化的交通需求管理体系措施奠定了基础。

区域差别化交通政策：从城市不同区域交通需求和可能提供的交通资源实际状况出发，中心城与新城采用不同的交通模式，实施因地制宜的交通设施供给与管理政策。中心城内的旧城区和旧城以外的区域交通模式与政策也要有所区别。

政府主导的交通产业市场化经营政策：在充分考虑城市交通服务社会公益性，满足公众日常需要的前提下，积极推进政府主导的交通产业市场化步伐。这一政策涵盖交通建设投融资、特许经营、运输市场准入与退出机制等相关领域。

2.2 战略方案设计与测试

战略方案是战略规划的核心内容之一，它是确定交通发展目标和制订规划的不可缺少的依据。

战略方案实质上是从城市发展与交通发展的互动关系出发，在二者发展方向和策略的组合上作出最佳的抉择（图 2-1）。

作为城市发展方向的表征可以用“土地使用”，而交通发展方向的表征可用“交通方式结构”。前者可在战略方案设计中作为假定前提条件，而后者作为战略方案中的主要优选指标。在“城市”与“交通”两个战略发展方向组合方案抉择中，方案的内容则主要由“交通基础设施供给”和“需求管理”两个方面构成，方案设计的切入点就是交通方式结构的设计。

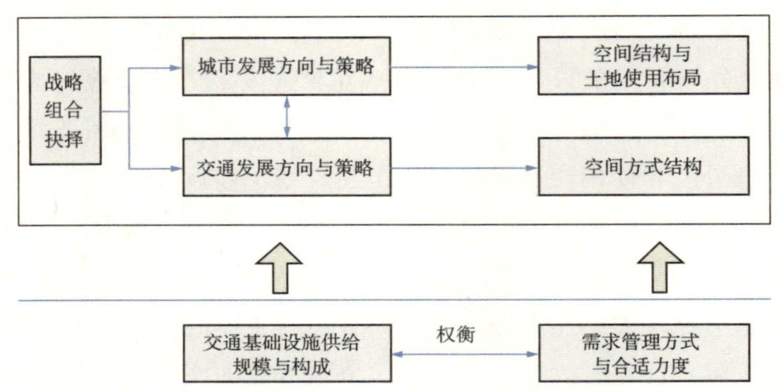

图2-1　战略方案设计思路

在进行战略测试方案设计过程中，遵循如下原则：

•充分考虑 2010 年基础设施资金投入能力，及在此资金投入能力下，各项交通设施能达到的水平；

•交通需求管理可能的力度及达到的效果；

•分析可能出现的交通状态和出行效率，寻求可能的交通需求管理力度与可能交通资源组合关系。

2.2.1　三类可供选择的战略方案

结合北京城市发展的实际和需要，《纲要》从交通发展战略层面设计了三类可供选择的战略方案。

第一类方案：以全力扩充道路设施容量作为主要战略手段满足不断增长的需求。其要点之一，道路建设高投入，短期内即形成规模较大的城市道路与郊区公路网络；要点之二，对小汽车的出行需求和市中心区土地开发采取相对宽松的管理对策，控制公共客运系统（尤其是投资巨大、建设周期长的轨道交通）的投资规模，放缓建设进程。

第二类方案：对小汽车的保有量实施总量调控；同时严格控制城市化进程和规模扩展，尤其控制中心城区土地开发强度；压缩道路建设投资；超前建设大规模轨道交通网络。旨在依靠大容量高效轨道交通和极为严格的小汽车需求管控这两个手段来满足未来不断增长的交通需求。

第三类方案：适当扩充道路与公共客运系统，在二者的投资规模上注重保持适宜的比例，同时建立适度的需求管理体系，只对小汽车使用作适当限制，而不限制小汽车的保有量。

根据预先假定的几种不同交通发展目标和规划期内供需两方面可能达到的上限与下限边界，针对上述三类方案，分别制订了可用于横向比较的一系列方案组合，经过第一轮对 29 种组合方案的筛选，选出四套有代表性的战略方案，再作第二轮定量测评和比选。四套战略方案的宏观描述如下。

方案一：对道路、公路和停车设施的投资力度最大，而对公共交通的投入相对较小。市区土地开发的控制力度也相对较低，中心区就业岗位集聚程度相对较高，城区就业岗位数占全市的比例为 20%。由于公共交通发展相对较慢，因此小汽车的增长速度较快，居民出行方式选择的倾向较少受到政策措施的影响。

方案二:对道路、公路和停车设施的投资力度最低，而对大容量公交的投入最大。对市区土地使用的控制最为有效，中心区就业岗位得到了极大的疏解，城区就业岗位数占全市的比例为 17%。由于大容量公共交通的发展速度较快，在一定程度上延缓了小汽车的增长速度，2010 年全市小汽车保有量达到 230 万。居民出行方式选择倾向主要受交通设施结构改变而变化，较少受到政策措施的影响。

方案三：对道路、公路、停车以及大容量公共交通的投入居中。市区土地开发的控制力度也居中，城区就业岗位数占全市的比例为 18%。在公交服务水平提高和政策措施引导的双重作用下，实现了小汽车适度增长的趋势，2010 年全市小汽车保有量达到 300 万辆。由于对使用公交出行采取了较多的政策鼓励措施，居民出行方式选择倾向受到供给调整和政策引导两方面的影响。

方案四：所有的边界条件和交通建设计划都与方案三相同，只是政策引导的力度更大，所实施的政策措施更加有利于提高公共交通吸引力，更加有利于避免小汽车交通的过度使用。

四种供测试的战略方案组合要素比较见表 2-1。

表2-1　四种供测试的战略方案组合要素比较

	方案一	方案二	方案三	方案四
市区土地使用控制力度	+	+++	+++	+++
道路与公路的投资力度	+++	+	++	++
轨道交通的投资力度	+	+++	++	++
鼓励使用公交的政策措施	+	++	++	+++
对小汽车使用管理的严格程度	+	+	++	+++

注：+的数量越多代表力度越大。

上述四个方案中，对几个有控制力的主要策略指标进一步作了界定，见表2-2 ~ 表2-4。

表2-2 四套战略方案选择的轨道交通建设规模对比

	2000年规模（km）	2010年规划拟达到的规模（km）			
		方案一	方案二	方案三	方案四
五环路以内	50	140	211	189	189
城八区	54	162	250	223	223
全市	54	227	339	313	313
轨道建设规模		低	高	中	

表2-3 四个战略方案选择的道路网（五环路内）建设规模对比

	2000年规模（km）	2010年规划拟达到的规模（km）			
		方案一	方案二	方案三	方案四
快速路	181	377	347	375	
主干路	249	552	359	377	
次干路	415	535	482	454	
合计	844	1464	1188	1207	
道路建设规模	—	高	低	中	

表2-4 四个战略方案选择的机动车保有量对比

	2000年状况（万辆）	2010年规划拟达到的规模（万辆）			
		方案一	方案二	方案三	方案四
全市	151.3	489.8	317.5	381.1	
市区（城八区）	94.3	255.1	174.1	214.6	
机动车增长趋势	—	高	低	中	

2.2.2 战略方案的模式测试分析

2.2.2.1 交通方式结构

如前所述，在所有专项交通规划与指标中，“出行方式结构”是最具战略意义的一项指标，它直接关系到交通供给策略、既有交通资源（例如路权）配置以及需求管理等涉及交通发展全局的交通规划、建设与运行管理决策。

利用经过标定和有效性验证的宏观规划模型，对四个代表性方案的高峰小时出行方式结构预测分析见表 2–5。

表2–5　四个方案2010年高峰小时出行结构对比

出行方式	单位	基础年		规划目标年（2010年）							
		2000年		方案一		方案二		方案三		方案四	
		数值	比例（%）	数值	比例（%）	数值	比例（%）	数值	比例（%）	数值	比例（%）
小汽车	人次	38	22	107	43	79	36	61	29	51	25
	人·km	271	25	864	50	650	43	515	36	431	29
轨道交通	人次	6	3	36	14	49	22	52	25	56	27
	人·km	58	5	328	19	446	29	477	33	491	33
公共汽车	人次	41	23	46	19	40	18	41	19	58	28
	人·km	363	34	346	20	280	18	285	20	437	29
出租汽车	人次	7	4	11	4	9	4	13	6	16	8
	人·km	39	4	56	3	41	3	67	5	83	6
公交合计	人次	53	30	93	37	98	45	106	50	130	63
	人·km	460	43	730	42	767	50	829	57	1011	68
自行车	人次	84	48	50	20	43	20	44	21	26	13
	人·km	334	31	147	8	109	7	102	7	45	3
全方式	人次	175	100	250	100	221	100	212	100	206	100
	人·km	1064	100	1742	100	1525	100	1446	100	1487	100

从表 2–5 中可以看出，单就“出行方式结构”一项指标而言，方案四最佳，方案三次之。当然，公交分担率高固然有利于整个交通体系的运行水平改善，但公共交通基础设施（尤其是轨道交通）规模与服务水平能否支持，则要全面权衡了。

2.2.2.2　道路运行水平

道路系统承载能力、运行效率和负荷水平也是战略方案决策的重要指标。经模型测试，给出了四个方案对应高峰小时道路运行主要指标见表 2–6。

表2-6　四个方案2010年高峰小时道路系统运行水平对比

指标	范围	基础年（2000年）	方案一（2010）	方案二（2010）	方案三（2010）	方案四（2010）
高峰小时饱和度（V/C）	五环路以内	0.67	0.84	0.81	0.65	0.59
	二环路以内	0.86	1.19	1.10	0.97	0.89
高峰小时行程车速（km/h）	五环路以内	14.2	11.9	13.6	19.0	21.7
	二环路以内	9.3	6.2	7.4	11.1	13.6
高峰小时道路负荷（万车km/h）	五环路以内	303	756	595	500	453
	二环路以内	74	133	114	99	94

测算结果表明，方案一和方案二的高峰小时路网饱和度超过了 0.8，平均车速在 15km/h 以下，服务水平比 2000 年有明显下降。方案三和方案四的路网饱和度分别为 0.65 和 0.59，行程平均车速上升到 19km/h 和 21.7km/h，服务水平有明显改善。

2.2.2.3　公共客运系统运行水平

公共客运系统实际可以完成的周转量及满载率是衡量其承载能力与服务水平的关键指标，也是决定出行结构的重要因素。

从表 2-7 中可以看出方案三和方案四无论在系统整体运能、运行效率、服务水平上都比 2000 年有明显改善，尤其是运力结构构成上，轨道交通和地面常规公交的比例大大改善，两者在客运周转量的构成比例上由 2000 年 1∶6 变为 1∶1.1 ~ 1∶1.3，轨道交通在公共客运系统中骨干作用得到充分体现。

表2-7　四个方案2010年公共客运系统运行水平对比

指标	方式	2000年	方案一	方案二	方案三	方案四
全日客运周转量（万人·km）	轨道交通	83	38	529	563	579
	公共汽（电）车	502	480	406	431	607
	合计	585	862	935	994	1186
满载率	轨道交通	0.32	0.45	0.41	0.47	0.49
	公共汽（电）车	0.70	0.41	0.27	0.29	0.41

2.2.2.4　方案比选

战略方案的比选原则：以城市资源与环境承载力作为严格的边界约束条件，权衡系统总体运行水平与成本代价（包括基础设施建设成本、系统运营管理成本、服务成本等），作出选择。

为了简化比选过程，根据上述原则，选择系统服务水平、对城市出行需求满足程度以及建设成本（考虑运行成本与服务成本的标定过于复杂，未纳入）见表 2–8。

表2–8　主要比选指标及控制值范围

指　　标	阈值范围	选定理由
中心城高峰小时行程平均车速	不小于18km/h	不低于2000年水平；同时参考国际同类城市的中等水平
中心城高峰小时路网饱和度	不大于0.7	不低于2000年水平，确保中心城交通不瘫痪
建设投资成本	占GDP的5%～6%（2500～3000）亿元	考虑城市可持续发展与经济发展总体水平

四个战略方案指标测评（过程从略）结果见表 2–9。

表2–9　四个战略方案测评结果

评价项目	代表指标	评价标准	方案一	方案二	方案三	方案四
服务水平	高峰平均行程车速	阈值内最佳	不接受	不接受	良	优
	高峰饱和度	阈值内最佳	不接受	不接受	良	优
满足程度	人员出行总量	最大化	大	较大	小	较大
	机动车出行总量	最大化	大	较大	较小	小
成本投入	建设投资成本	阈值内最小	大	大	小	小
	土地资源和环境成本	阈值内最小	大	较大	较小	小
综合效果评价			差	中	良	优

从表 2–9 可看出，方案一和方案二的投入都较大，尽管可以承担交通的出行需求，但这是以牺牲道路网服务水平为代价的，道路运行状况已恶化到无法接受的程度。方案三和方案四的交通服务水平均可接受，方案三在满足小汽车出行需求上比方案四要宽松些，但可承担的出行总量却要少得多，而且环境成本也更高些。

通过对比分析，拟将第四方案作为推荐的基本方案，在此方案基础上就可能采取的不同的需求管理对策和基础设施建设过程中可能的变动对方案再作进一步优化。最终方案测试的各项宏观指标见表 2–10 和图 2–2 ～图 2–7。

表2-10　推荐方案测试宏观指标统计表

指　标		推荐方案	指　标		推荐方案
交通方式特征（市区）			分方式平均出行距离（km）	小汽车（摩托车）	11.34
全日出行人次（万）	小汽车（摩托车）	606.18		公交（不含班车）	10.14
	地面公交	607.62		自行车	1.88
	轨道交通	412.17		出租汽车	6.17
	班车	21.44	交通供应与需求		
	自行车	321.43	道路网（市区高峰小时）	容量（PCU万km/h）	855.40
	出租汽车	364.67		流量（PCU万km/h）	516.24
	合计（机动化出行量）	2333.51		V/C	0.60
全日模式分担率（%）	小汽车（摩托车）	25.98	分区机动车出行量（万车次/日）（不含自行车）	内城区（发生）	169.06
	地面公交	26.04		外城区（发生）	541.81
	轨道交通	17.66		全市	835.63
	班车	0.92	分区机动车周转量（万车公里/日）（不含自行车）	起点为内城区	1343.95
	自行车	13.77		起点为外城区	5026.38
	出租汽车	15.63		全市	8414.17
早高峰出行人次（万）	小汽车（摩托车）	66.33	分区人员出行量（万人次/日）（不含班车客流）	内城区（发生）	710.43
	地面公交	75.69		外城区（发生）	1637.43
	轨道交通	62.07		全市	2546.23
	班车	6.59	分区人员周转量（万人公里/日）（不含班车客流）	起点为内城区	5693.83
	自行车	29.38		起点为外城区	15430.60
	出租汽车	22.08		全市	24916.69
早高峰模式分担率（%）	小汽车（摩托车）	25.30	城市轨道网（全市）	线路条数	13
	地面公交	8.88		轨道线长度（km）	313
	轨道交通	23.68		全日上客量（万）	742
	班车	2.51		单位公里轨道客流强度（万）	2.37
	自行车	11.21			
	出租汽车	8.42		所需列车数（列）	379
分方式日出行率（次/日）	小汽车（摩托车）	0.64		高峰小时平均满载率	0.37
	公交（含班车）	1.10	地面公交网	线路条数	269
	自行车	0.34		线路长度（km）	4099
	出租汽车	0.39		全日上客量（万）	869
	合计（机动化出行率）	2.47		所需车辆数	10853
小客车出行属性	高峰小时出行（万车次）	30.49		单位标车年客运量（万）	26.82
	高峰平均出行率（次/车）	0.16		高峰小时平均满载率	0.59
	全日出行（万车次）	279.27	公交系统（全市）	全日上客量（万）	1611.01
	全日平均出行率（次/车）	1.47		公交系统乘客换乘系数	1.58

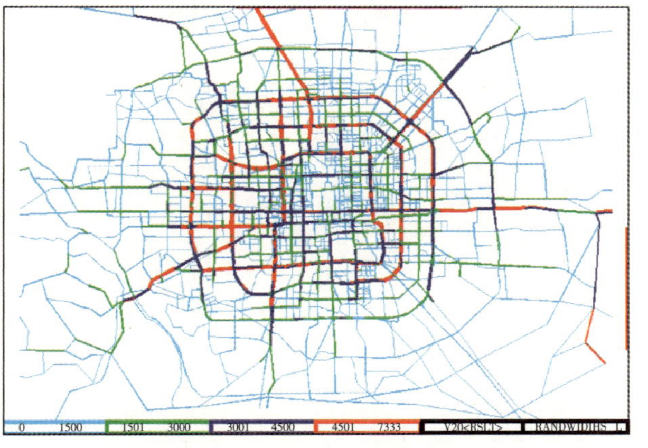

图2-2　2010年高峰小时道路机动车流量预测图

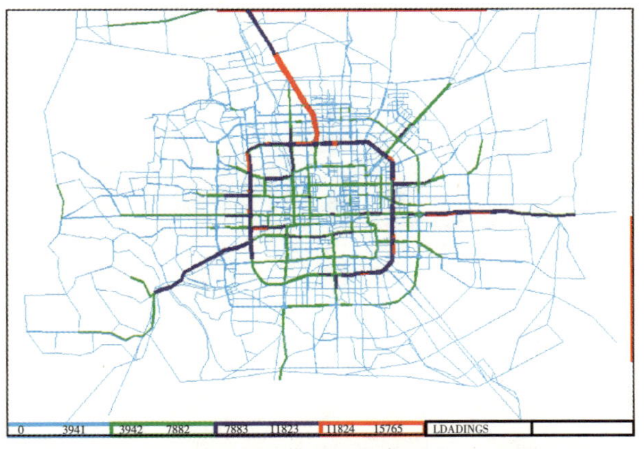

图2-3　2010年高峰小时地面公交客流量预测图

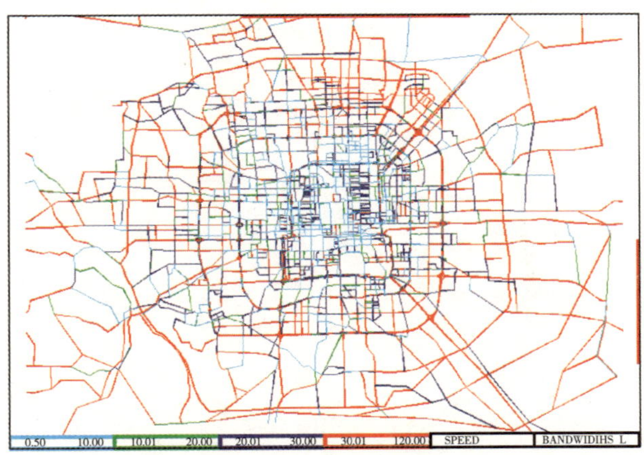

图2-4　2010年高峰小时道路机动车车速预测图

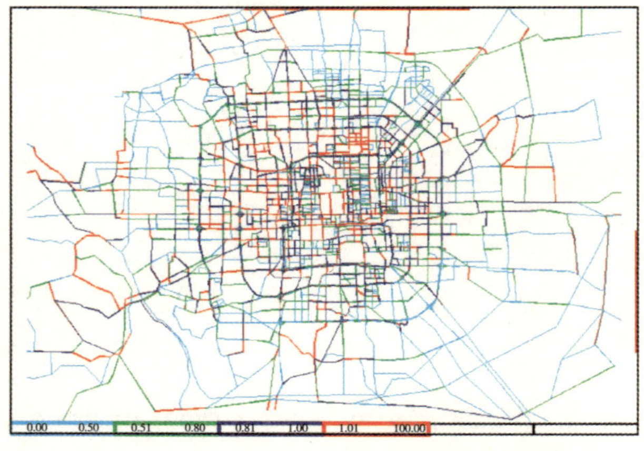

图2-5　2010年高峰小时道路机动车负荷度预测图

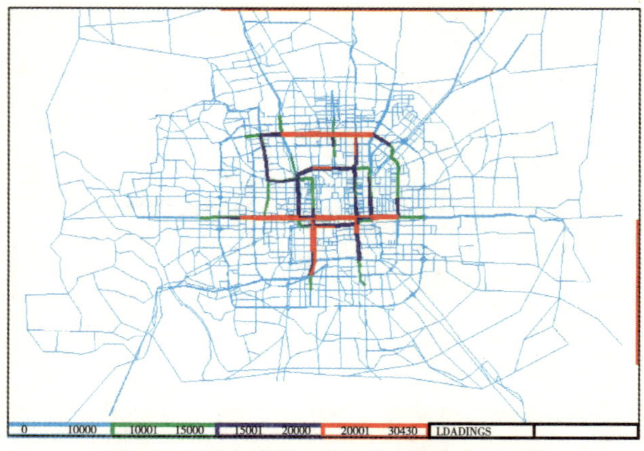

图2-6　2010年高峰小时轨道交通客流预测图

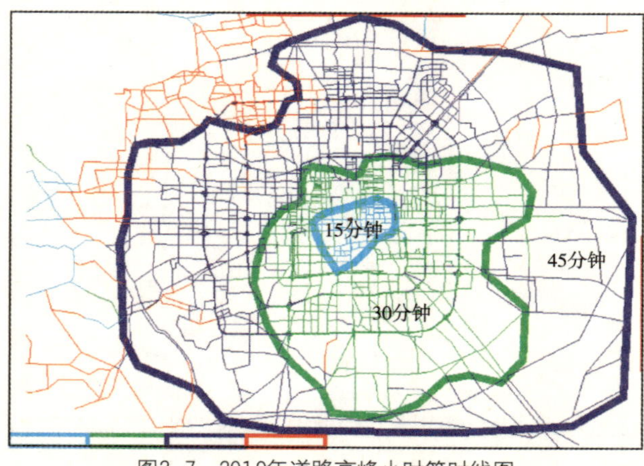

图2-7　2010年道路高峰小时等时线图

3 交通基础设施规划

3.1 交通基础设施总体规划的基本策略

交通基础设施总体规划的目标是落实交通战略规划在基础设施建设方面的要求，将总体目标分解到各个分项中，在综合交通体系结构、基础设施条件以及运行管理机制、政策等方面得到全面整合，以确保交通服务系统不仅能满足奥运会的要求，又能保证城市交通中长期可持续发展。

交通基础设施总体规划遵循以下基本策略。

（1）结构优化策略：一方面，从优化城市出行结构的战略需求出发，着力加强公共交通基础设施的建设力度；另一方面，城市道路系统的建设规划要把改善功能级配结构，消除系统“瓶颈”和“短板”作为重点，同时要为公共客运交通网络结构优化及网络规模扩充提供支持。

（2）近期、远期兼顾策略：交通基础设施建设以满足中长期城市发展需求为主要目标，同时要充分考虑近期（奥运会）交通改善的需要，重点满足场馆周边、场馆之间、场馆与交通枢纽之间的交通基础设施建设，为奥运交通运行提供保障。

（3）系统整合策略：从城市交通与城际交通一体化、市域交通与中心城交通一体化以及不同交通运输方式协调衔接，全面整合系统资源的原则出发，着重处理好各类基础设施（场站、网络）功能级配与布局协调关系。

3.2 城市交通基础设施专项规划[1]

交通基础设施专项规划包括中心城道路网规划、城市公共客运系统规划、市域公路网及公路主枢纽规划、城市对外交通枢纽规划等。

3.2.1 中心城道路网建设规划

针对既有路网的结构性缺陷，着重抓好两点：一方面要完善快速走廊和交通主干道网络系统；另一方面要大力扩充“微循环”系统。前者是着眼于提高路网的整体机动性，后者则是为提高路网的集散能力和可达性，同时也为扩展路面公共交通网的覆盖率创造条件。中心城道路网规划不仅要满足畅达性、安全可靠性的要求，同时还要注重与城市布局、历史文化风貌、环境的协调关系。

（1）中心城道路网总体格局在保留旧城区传统的方格网基础上，以环形加放射线的形式向外围扩展。旧城区范围规划了4横3纵的主干道系统，旧城以外布置3条城市快速环线、1条高速公路环线、19条快速放射线及18条放射状主干道，构成中心城道路主骨架系统。快速放射干线及若干辅助放射干道既作为环线间的联络通道，又与市域范围高速公路及主要干线公路系统衔接，使中心城道路网及市域公路网形成一个整体。

（2）按照路网机动性与可达性合理匹配的原则，在明确路网基本骨架的前提下，对于次干路与支路构成的“微循环”集散系统布局及其与主骨架系统的衔接关系也作了精心规划。

（3）最终形成的中心城道路系统，规划道路总里程为4754km，道路网密度4.4km/km^2，道路用地率为16.4%（其中，二环路以内的旧城区达到22.4%），道路网高峰小时负荷能力可达1421万车km/h。

中心城道路网总体布局如图3-1所示，其组成结构及相关指标见表3-1。

（4）自行车和步行交通系统。北京的自行车交通是历史发展的产物，它的存在符合城市交通需求的特征。自行车是中短距离交通出行理想的交通工具，也是居民生活的组成部分。自行车交通有利于首都的环境保护，符合国家能源安全战略要求。因此，需要对自行车交通采取积极的、扶持性的政策，为自行车交通创造更为安全、更为方便的使用环境。

[1] 本节的主要内容及图表引自《北京城市总体规划2004～2020》的交通专项规划报告。

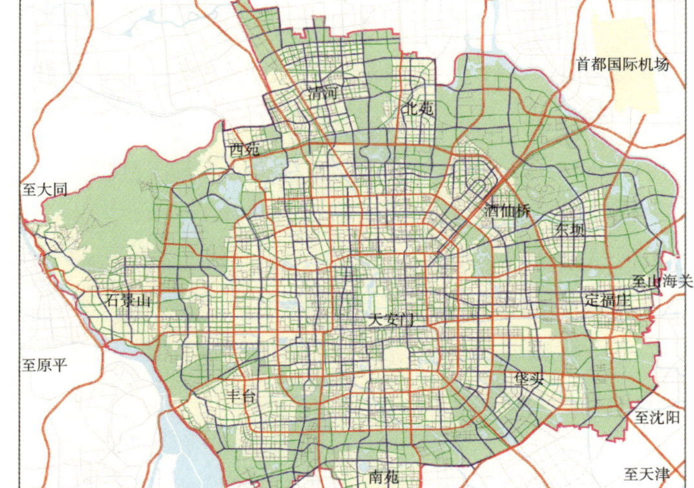

图3-1　中心城道路网规划图

表3-1　中心城区道路网构成及规划指标

项　目	单　位	旧　城	二环路至四环路（含四环路）	四环路至中心城界（含高速公路）	合计
快速路	km	—	208	309	517
主干路	km	69	224	580	873
次干路	km	124	301	797	1 222
支路	km	227	689	1236	2152
总计	km	420	1422	2922	4764
道路网密度	km/km^2	6.7	5.9	3.7	4.4
道路网间距	m	300	340	540	450
干路网密度	km/km^2	3.1	3.0	2.2	2.4
干路间距	m	650	660	930	830
支路比例	%	54	48.4	42.3	45.2
道路用地率	%	22.4	20.6	14.6	16.4
道路网高峰小时负荷能力	万车·km/h	85.8	457.6	877.9	1421.3

北京自行车交通政策：提倡自行车交通方式，为自行车交通创造良好和安全的环境，使自行车交通在未来城市交通体系中继续扮演重要角色。

步行交通是城市居民出行方式中重要组成部分。步行交通环境是反映城市文化和以人为本理念的重要窗口。无论是现在还是将来，步行交通都将在北京综合交通体系中扮演重要角色。

北京城市的步行交通政策：提倡步行，实行步行者优先，为包括交通弱势群体在内的所有步行者创造良好的和安全的步行环境。

（5）新城道路系统规划原则与布局要点。新城是北京未来城市发展的重要空间，是承担中心城人口和功能疏解、新的产业聚集、带动区域发展的规模化城市地区，具有相对独立性。新城道路网系统要结合新城的土地使用规划，带动城市空间发展。新城道路功能与中心城有很大的不同，在规划中要充分考虑新城的空间特点、经济发展和交通需求的时空分布规律。道路网规划布局要遵循以下要求：

① 要与城市的发展目标相一致，要按照新城的功能定位和土地使用布局规划对道路系统进行功能和布局的整合。道路网要支持北京新城的城市建设，对新城发展起到支持作用；

② 要与城市的交通发展战略相协调，强调城市道路与轨道交通网络和快速公交系统结合，建立复合交通走廊，综合考虑空间布局；

③ 客货运交通系统要有效分离，要有不同的通道分别满足长距离出行和短距离出行需求，跨区出行和区内出行交通系统也有效分离；

④ 重点新城布置相对独立的快速路系统，其布局要与主导交通流向吻合，并与中心城路网以及区域公路网有很好的对接关系，能力要适配；

⑤ 根据新城形态、规模、土地使用布局合理构建新城主干骨架网，重点新城的主干路技术标准要与中心城保持一致；

⑥ 新城次干路与支路网密度要比中心城路网密度高，次干路密度不低于 1.2 ~ 1.4km/km^2，支路路网密度不低于 3 ~ 4km/km^2；路网总密度不低于 5 ~ 7km/km^2。

⑦ 考虑在新城可适当放宽小汽车通行限制，道路用地率应高于中心城，原则上按不低于 20% 控制。

3.2.2 城市公共客运系统专项规划

3.2.2.1 2003 年公共交通系统概况

截至 2003 年年底，全市拥有公共汽（电）车线路 616 条，运营里程 17908km，全年承担客运量38.78亿人次，占同年公共交通客运量的89%。全市轨道交通运营车辆692辆，投入运营的轨道交通线路4条:地铁1号线、2号线、13号线和八通线，运营里程114km，年客运量4.72亿人次，约占公共交通客运量的11%。当时在建的有4号、5号、10号三条线路，线路总长约80km，预计2008年之前投入运营。

《北京城市总体规划（1991 ~ 2010年）》中明确提出大力发展公共交通的政策和规划目标（到2000年公共交通占客运份额应达到47%），但在规划实施中却没有得到全面的贯彻和落实。虽然公共交通在设施能力和客运量方面有所提高，但在客运交通中所承担的份额仍由1986年的28.2%下降到2000年的26.5%，而小汽车交通所承担的份额却由1986年的5.0%猛增到2000年的23.2%。2003年，全市民用机动车保有量已接近200万辆，客运交通结构的不合理趋势还在延续。

节能高效的公共交通未得到充分发展，有限的道路空间被运输效率低的小汽车交通大量占据，是导致道路交通服务水平下降、道路交通拥堵加剧的最根本原因。

3.2.2.2　公共客运交通系统存在的主要问题

（1）公共交通总体服务水平不高，缺乏吸引力。主要表现为旅行时间长，乘车舒适性差，换乘不便等。

（2）公共交通运力布局不均衡。

（3）公共交通线路分布不均匀，覆盖面不广，居民乘车不便。

（4）轨道交通建设滞缓，尚未形成网络，未能在公共客运系统中发挥应有的骨干作用。

3.2.2.3　公共交通系统发展目标及对策

（1）发展目标。全面推行公共交通优先发展战略，加快确立公共客运交通在城市日常出行中的主导地位，积极引导个体机动化出行方式向集约化公共交通方式转移，促使城市客运出行结构趋于合理。到2020年之前基本建成以公共交通为主体、轨道交通为骨干、多种客运方式相协调的综合客运交通体系。

（2）发展指标。客运交通结构是衡量城市交通可持续发展的关键指标。2010年中心城公共客运系统分担出行量不低于40%（同时要确保奥运会期间高峰时段分担比例不低于45%），2020年中心城公共交通方式应承担不小于50%的客运出行量。

（3）规划建设重点。

① 大力扩充城市轨道交通系统，2010年之前基本确定其在公共客运系统中的骨干地位，力争2010年承担公共客运量的比例由2003年的9%提升到30%以上。

② 优化调整公共汽（电）车运营网络，完善功能层次结构，扩大覆盖范围，增

加重点地区支线网密度，提高可达性。

③ 整合公交服务资源，建设综合换乘枢纽，改善各种客运方式自身系统内不同线路换乘衔接关系以及不同方式之间的换乘衔接关系。

④ 构建并逐步完善中心城外围组团、郊区新城、市域范围乡村三级公交服务网络体系。

3.2.2.4　公共交通系统运力规划

按照战略方案测试结果，预计 2020 年公共汽（电）车和轨道分别承担总出行量的 28% 和 22%，测算运力配置见表 3–2。

表3–2　2020年中心城规划客运交通结构及运力配置

交通工具	折算客运量及需要车辆数				客运出行量	
	客运量（亿人次）	占比重（%）	单车运量（万人次）	需要车辆（万辆）	出行量（亿人次）	占比重（%）
公共汽(电)车	58.11	35.3	22.50	2.6	34.18	28.0
轨道交通	45.66	27.7			26.86	22.0
出租汽车	4.88	3.0	0.81	6	4.88	4.0
小客车	24.42	14.8	0.06	407	24.42	20.0
自行车	30.52	18.5			30.52	25.0
其他	1.22	0.7			1.22	1.0
合计	164.81	100.0	23.37	415.6	122.08	100.0

公交车辆的车型结构分为大、中、小型三种，应根据线路的不同功能、客运量大小选配不同车型，快速公交线路宜采用大容量通道车，普通线路宜采用大中型车辆，公交支线宜采用中小型车辆。

3.2.2.5　轨道交通线网规划及设施布局规划

（1）轨道交通功能定位及线网结构层次。

① 轨道交通功能定位。轨道交通是城市公共客运交通体系中的骨干运输系统，具有快速、准时、安全、大运量、舒适性高的特点，主要承担中长距离的交通出行。在调整城市空间结构和促进城市合理布局方面，轨道交通具有积极引导作用，可以支持边缘集团及新城的发展。在旧城建设强有力的轨道交通运输系统，吸引乘客乘坐轨道交通出行，以弥补旧城道路系统的不足与缺陷，有利于历史街区和古都风貌的保护，支持城市可持续发展。

② 轨道交通线网结构层次。轨道交通系统规划为两个层次。第一个层次是以地铁为主、轻轨为辅组成的中心城轨道交通运输系统，其服务范围是中心城中心地区、边缘集团及距离较近的新城；第二个层次是市郊铁路运输系统，其服务范围是新城及新城至中心城之间沿线地区。

中心城轨道交通线路主要采用快速大容量的地铁运输系统，在较小的客流交通走廊上，少部分线路采用中运量轻轨运输系统。

市郊铁路采用车辆和系统制式有待于在发展建设市郊铁路的过程中加以确定。其原则是，采用先进技术，发展符合中远途客流运输要求的市郊铁路运输系统。

③ 中心城轨道交通规划线网要点。修编调整后的中心城轨道交通规划线网由“五横五纵双环对角线路”组成，规划线网总体上呈双环棋盘放射形态。

轨道交通规划线网由 22 条线路组成，其中 16 条为地铁线路（以下简称 M 线），6 条为轻轨线路（以下简称 L 线），轨道交通规划线网总长度为 700.6km。根据中心城客流特征、考虑到已建成和已确定要建设线路的情况，规划线网中的 M1 线、M2 线、M3 线、M4 线、M5 线、M10 线和 M11 线为骨架线路，这 7 条线路构成中心城轨道交通骨架线网。远景线网布局如图 3-2 所示。

图3-2　中心城轨道交通线网远景规划图

在远景线网规划基础上，根据 2020 年出行需求及出行结构优化目标要求，提出 2020 年轨道交通发展规划（图 3-3），并制订了 2004 ~ 2015 年期间的第一阶段实施计划（《北京市快速轨道交通建设规划（2004 ~ 2015）》（图 3-4）。

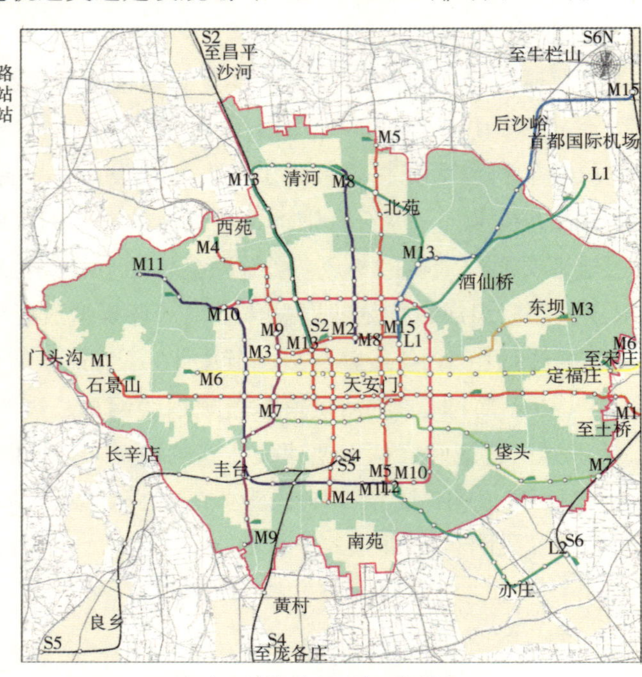

图3-3　2020年中心城轨道交通线网规划图

(1)M1线　苹果园-土桥　50.1km
(2)M2线　西直门-西直门　23.0km
(3)M4线　马家楼-龙背村　28.6km
(4)M5线　太平庄北-宋家庄　275km
(5)M6线　五路-通州　39.4km
(6)M7线　北京西站-百子湾　17.0km
(7)M8线　地安门-回龙观　22.0km
(8)M9线　郭公庄-白石桥　16.8km
(9)M10线　万柳-万柳　58.4km
(10)M13线　西直门-东直门　41.0km
(11)M14线　卢沟桥-望京　42.1km
(12)M15线　顺义-中央党校　40.6km
(13)大兴线　马家楼-黄村　21.0km
(14)房山线　郭公庄-良乡　22.0km
(15)L1线　东直门-首都机场　27.3km
(16)L2线　宋家庄-亦庄　23.5km
(17)S1线　五路-门头沟　27.0km
(18)S2线　西二旗-昌平　34.2km

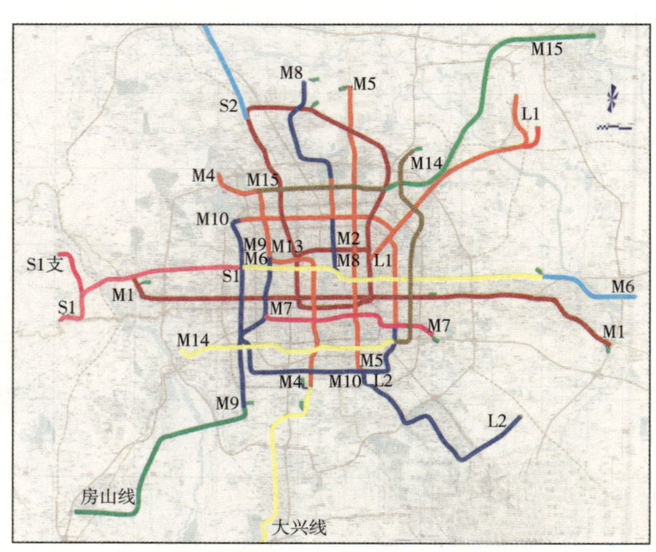

图3-4　2015年轨道交通线路规划

（3）关于市郊铁路支线。鉴于市郊铁路发展政策、建设机制尚不清晰以及近期客流量不大等方面的原因，本次规划仅提出市郊铁路干线网络系统。在发展建设市郊铁路的过程中，根据沿线城镇布局和客流的需求可在市郊铁路干线上引出支线，以增大其直接服务范围、提高其可达性（图 3–5）。

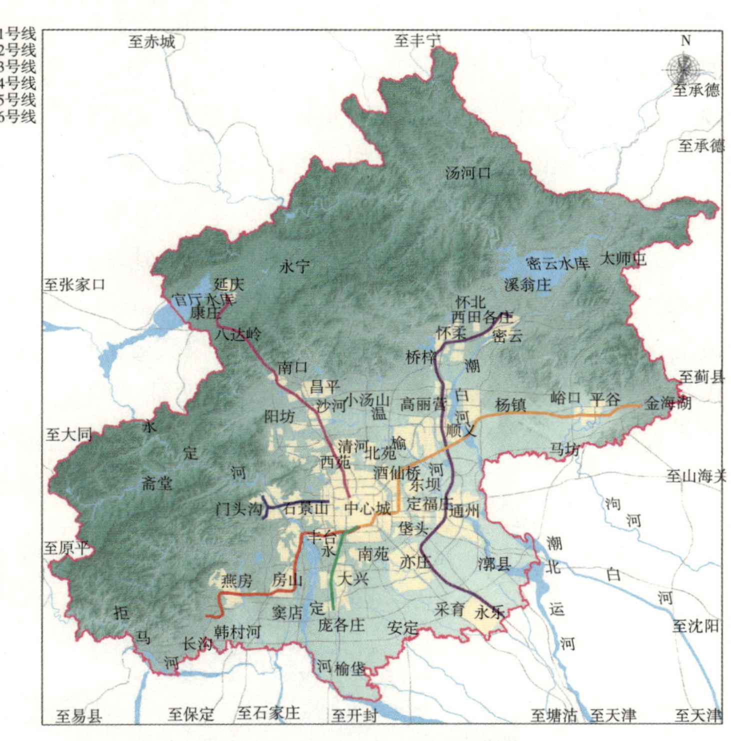

图3–5　6条郊区线路（S1 ~ S6）规划位置图

（4）建设时序安排。根据 2004 ~ 2020 年期间城市空间结构调整及城市交通出行结构调整的规划目标要求，同时考虑到建设资金筹措与投资强度的实际可能，明确了分阶段的建设任务目标：2008 年全市轨道交通运营里程达到 200km；2010 年运营里程要达到 300km；2015 年运营里程达到 561km；2020 年中心城轨道交通总里程要达到 800km 左右。

3.2.2.6　公共汽（电）车线网规划

（1）公共汽（电）车线网功能层次划分。公交线路划分为快线、普线、支线三级。快线采用 BRT 或大站快车的运输组织形式，一般采用大容量的通道车辆，有着较高的运行速度，沟通各大型客流集散中心。普线采用中等站距、沟通各客流集散中心，提供便捷的服务。支线系统连接客流集散点与客流集散中心，向公交普线、快线和轨道交通输送客源。

（2）公交专用道网络规划。

① 规划目标：依托城市干道系统，形成公交专用道网络。

② 线路：利用快速路，开设快速公交线路，保证车速及其乘降、换乘方便；在城市主干路以及部分城市次干路上，开辟公交专用道或公交专用路，形成网络，保证公共汽（电）车快速通行，优先到达。

③ 车站：公交专用道旁的车站设置应能够满足超车的需要，即保障快线公交车辆停靠的同时能够快速经过，而不受到阻碍；公交专用道车站的停靠能力应满足所布设线路的需要，一般应设置港湾，保证其他车道车辆通行的顺畅。

④ 公交专用道时效：根据客流分布可将公交专用道分为全时段和分时段两种。在主要的客运走廊，尤其是无轨道交通的客运走廊上，应设置全时段公交专用道；在次要的客运走廊上，可根据早晚高峰的时间长短设置分时段公交专用道。

（3）市域快速公交走廊规划。根据北京构建"两轴—两带—多中心"的城市空间结构的发展要求，新城的建设将成为重点，新城与中心城之间的联系也将越来越频繁（图 3-6）。

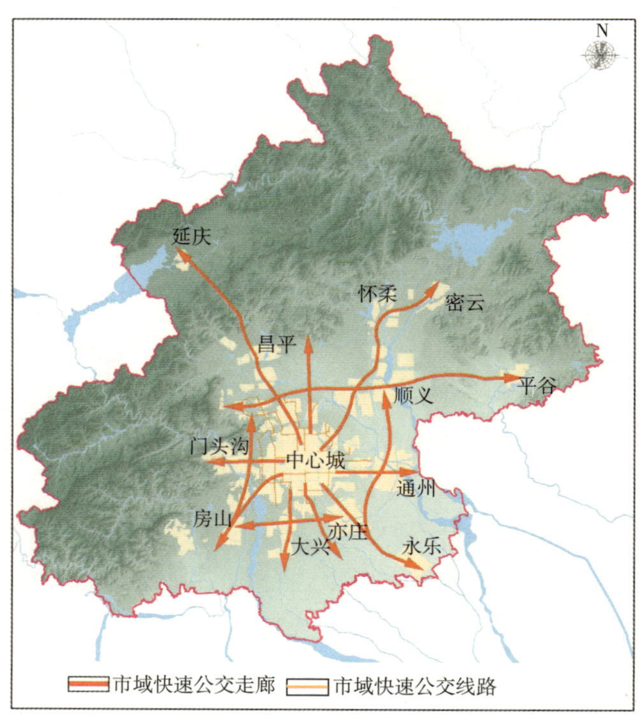

图3-6　市域快速公交走廊规划示意图

虽然已经规划了若干条轨道交通线路通往不同方向上的新城，但由于轨道交通的建设会受到资金、建设周期、客流等因素的影响。因此有必要在近期客运量尚处于较低水平时，规划开辟地面大容量快速公交走廊，发挥地面公交方便、灵活、经济的特点，同时发挥以公共交通为导向的城市规划建设的作用，即在建设的同时，做到“公交先行”，促进新城的健康发展。

3.2.3 市域公路网及公路主枢纽专项规划

3.2.3.1 规划方案要点

（1）功能层次划分。根据公路服务对象的不同及北京市公路网所处的特殊地位，公路网应满足以下四个层次的功能需要：

① 作为全国干线公路网中的重要战略性枢纽，服务于全国性的客货运输；

② 为环渤海经济圈，特别是京津冀地区提供方便、快捷的运输走廊；

③ 强化中心城与新城之间、新城与新城之间的纽带联系，以充分发挥中心城在政治、经济、文化、教育及科技等方面的优势，促进新城建设；

④ 为新城与城镇之间以及城镇与城镇之间的联系提供交通条件，促进城镇经济社会的发展。

根据上述四个层次的功能需要，公路网将划分以下四个功能层次：

① 国道系统：国道系统由国道主干线和国道构成，是国家干线公路网的重要组成部分。它可以满足跨省市的长距离快速直达交通运输需求，具有很强的机动性，是我国公路交通运输的主动脉。在北京市内的国道区段除了担负上述任务以外，也兼作公路网骨架，满足北京市对外辐射功能需要，服务于中心城与新城之间的交通需求。

② 市道系统：市道系统指市域内干线公路，是国道系统的补充部分。它既是中心城与新城以及新城与新城之间的重要交通走廊，也是首都联系环渤海经济圈，特别是京津冀地区主要城市的进出通道。

③ 县道系统：县道是联系中心城以外地区交通的重要通道，也是地方性集散公路。它一方面沟通相邻区、县及区县内新城与城镇之间的交通；另一方面作为国道和市道系统的辅助系统，起着汇集和疏导地方交通的作用。县道以最便利的通达性为主要特征。

④ 乡道系统：乡道是中心城以外地区城镇之间联系的地方公路和一些专用公路。

（2）公路网布局。北京市公路网规划布局主要考虑“国家公路网”层面、“京津冀区域”和“北京市域”三个层面：

① 国家干线公路网络布局。国家干线公路网络采用以北京为中心的放射线与横线和纵线相迭加的路网布局，作为整个区域的公路联系通道。重点完善国家高速公路网规划中北京市内的“7 条首都放射线和 1 条纵线”的布局结构。

“7 条首都放射线”为：北京至上海高速公路；北京至台北高速公路；北京至港澳高速公路；北京至昆明高速公路；北京至拉萨高速公路；北京至乌鲁木齐高速公路；北京至哈尔滨高速公路；在北京市内为四个方向的交通走廊，即东南方向京津交通走廊；西南方向京石交通走廊，西北方向京张交通走廊和东北方向的京沈（哈）交通走廊。

“1 条纵线”为大庆至广州高速公路，在北京市内为京承高速公路和京开高速公路两个走廊。

在此基础上，完善北京市内其他国道系统对外放射线，形成以高等级公路为主的对外交通走廊。

② 区域干线公路网络布局。加强区域范围内核心城市之间，以及核心城与中心城之间的区域性高速公路网络建设，形成区域内高速公路和普通公路网络系统，形成北京市与区域内重点城市之间均有双通道或多通道的布局结构。

突出京津发展主轴公路通道建设，培育和发展两城市的区域辐射职能。建设京津之间的多通道联系格局，充分发挥京津发展主轴上重大交通基础设施的作用。

加强区域内客货运通道规划建设。

③ 北京市公路网规划。北京市公路网采用放射状，并辅以环线及联络线相结合的布局结构，形成以国、市道等干线公路组成的放射线、联络线与环路相结合的公路网主骨架，以县乡级公路为支脉的全市公路网系统。

（3）干线公路网规划方案简介。

① 国道系统。国道系统由国道主干线和国道组成。其中，国道主干线有：京津塘高速公路（G020）、八达岭高速公路、六环路、京沈高速公路（以上三条公路共同组成国道主干线丹拉线（G025））、京石高速公路（G030）；国道有：京承高速公路（G101）、京哈高速公路（G102）、京济公路（G104、G105）、京开高速公路（G106）、京原公路（G108）、京大公路（G109）、京包公路（G110）、京丰公路（G111）。

② 市道系统。市道系统由市道环线、市道放射线和市道联络线组成。其中市道环线 1 条，即：五环路；市道放射线 16 条，如图 3-7、图 3-8 所示。

国道
市道

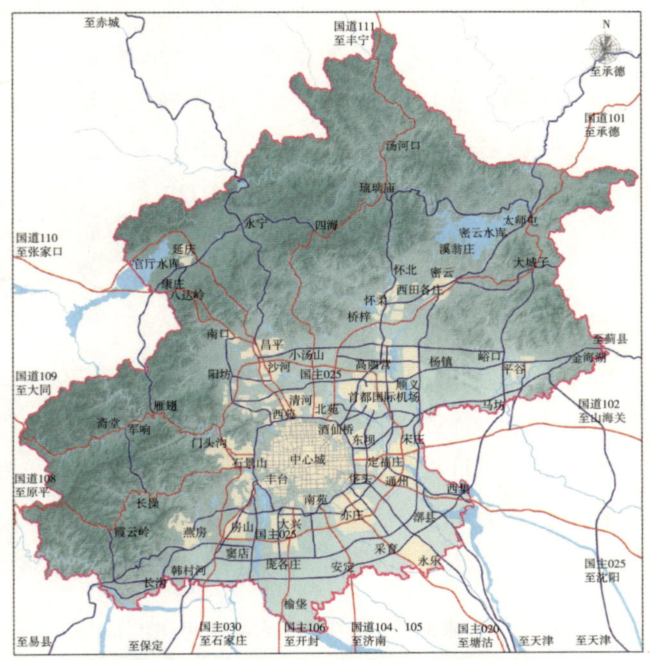

图3-7　干线公路网规划

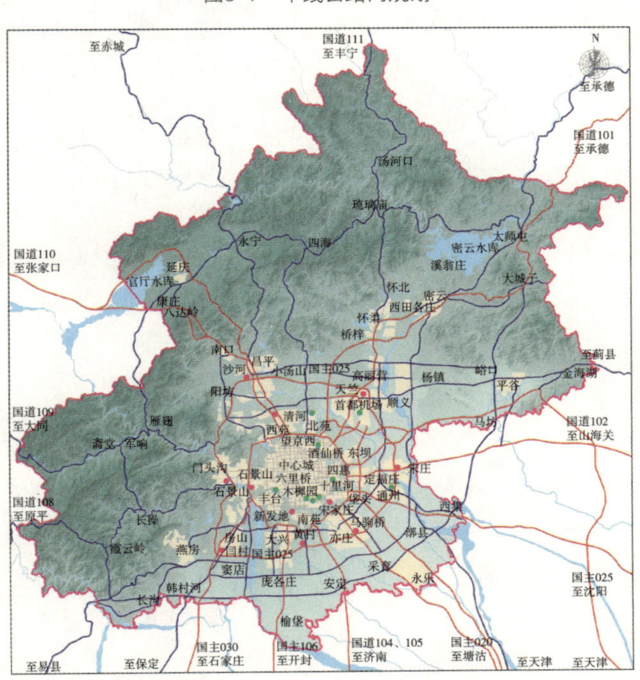

图3-8　干线公路网（技术等级规划）

（4）公路主枢纽规划。

① 北京市公路客货运输状况及发展预测。北京是全国最重要的交通运输枢纽，已形成了由铁路、公路、航空等多种运输方式构成的综合运输体系。在北京城市对外交通体系中，公路长途客货运输已占据主导地位。

2003 年，北京市省际长途客运线路已达 1022 条，经营的客运车辆为 6799 辆。拥有省际客运场站 17 个，其中一级站 1 个，二级站 11 个，三级站 4 个，四级站 1 个。省际客运站总占地面积约 25 万 m^2，建筑面积 8.72 万 m^2。2003 年客运量达到 2200 万人次。

据预测，2020 年北京市公路货运量为 35700 万 t；公路客运量为 52000 万人次；公路主枢纽货运组织量为 15708 万 t；客运组织量为 5639.1 万人次；公路主枢纽货运适站量为 3995.4 万 t；日理货量为 11.0 万 t；公路主枢纽客运适站量为 4903.6 万人次；日发送量为 13.4 万人次。

② 规划方案要点。北京公路主枢纽客运站场系统由 9 个客运枢纽组成（表 3–3）。

表3–3　规划公路客运主枢纽汇总表

<table>
<tr><th>名称</th><th>位置</th><th>年发送能力（万人/年）</th><th>服务方向</th><th>用地规模（m²）</th></tr>
<tr><td colspan="5">东部客运枢纽</td></tr>
<tr><td>四惠客运枢纽</td><td>四惠东南</td><td>294</td><td rowspan="2">发送东及东北方向旅客</td><td>60000</td></tr>
<tr><td>土桥客运枢纽</td><td>通州土桥</td><td>600</td><td>60000</td></tr>
<tr><td colspan="5">东南部客运枢纽</td></tr>
<tr><td>十里河客运枢纽</td><td>十里河</td><td>378</td><td>发送天津及东南方向旅客</td><td>75000</td></tr>
<tr><td colspan="5">南部客运枢纽</td></tr>
<tr><td>宋家庄客运枢纽</td><td>宋家庄</td><td>500</td><td rowspan="2">发送华北及中原方向旅客</td><td>50000</td></tr>
<tr><td>木樨园客运枢纽</td><td>木樨园</td><td>376</td><td>70000</td></tr>
<tr><td colspan="5">西南部客运枢纽</td></tr>
<tr><td>六里桥客运枢纽</td><td>六里桥</td><td>766</td><td>发送西南方向旅客</td><td>78000</td></tr>
<tr><td colspan="5">北部客运枢纽</td></tr>
<tr><td>北苑北客运枢纽</td><td>太平庄</td><td>600</td><td rowspan="2">发送北及西北方向旅客</td><td>222000</td></tr>
<tr><td>望京西客运枢纽</td><td>望京</td><td>240</td><td>31000</td></tr>
<tr><td>首都机场客运枢纽</td><td>首都机场</td><td>100</td><td>集疏周边地区换乘旅客</td><td>结合机场换乘设施</td></tr>
</table>

北京公路主枢纽货运站场系统由 11 个货运枢纽组成（表 3-4）。

表3-4　规划公路货运主枢纽汇总表

名　称	位　置	吞吐能力（万t/年）	功　能	用地规模（m^2）
东部货运枢纽				
通州一级货运枢纽	宋庄	418	东部和东北部货物集散	300000
天竺一级货运枢纽	顺义区天竺	156	航空货物集散	300000
东南部货运枢纽				
马驹桥一级货运枢纽	马驹桥	370	东南部货物集散及集装箱转运	390000
十八里店二级货运枢纽	十八里店	147	市内配送及转运	已建成
南部货运枢纽				
黄村一级货运枢纽	黄村镇	340	南部货物集散	300000
新发地二级货运枢纽	新发地	80	市内配送及转运	70000
西南部货运枢纽				
阎村一级货运枢纽	良乡	205	西南货物集散公铁联运	300000
石景山二级货运枢纽	八宝山南路	105	市内配送及转运	60000
北及西北部货运枢纽				
沙河一级货运枢纽	马池口镇	221	西北及北部货物集散公铁联运	300000
清河二级货运枢纽	西二旗	102	市内配送及转运	130000
门头沟二级货运枢纽	门城镇	80	市内配送及转运	150000

3.2.4　城市对外交通枢纽规划

城市对外交通枢纽包括公路、铁路、航空交通枢纽。其中关于公路主枢纽规划见本书 3.2.3 节所述。

3.2.4.1　北京铁路枢纽规划

北京铁路枢纽是全国大型铁路枢纽和网络中心。经过多年建设，北京铁路枢纽有了较大的发展。现衔接京广、京九、京山、京秦、京承、京通、京包、丰沙、京原、大秦 10 条铁路干线，与我国东北、西北、华东、华中、华南、西南部地区相连，枢纽内各干线经大型客运站和货运编组站及东南、东北、西北等环线、联络线连接，形成了辐射式环行铁路枢纽。枢纽内铁路营业里程为 1140.9km。

北京铁路枢纽现有车站百余个，其中北京站、北京西站为主要客运站，北京南站、北京北站为辅助客运站；丰台西站为路网性编组站；丰台站、双桥站、三家店站为枢纽辅助编组站；石景山南站、广安门站、大红门站等为工业站或较大的货运站；其余为一般车站。

（1）规划要点。

① 客货运量预测。预测 2020 年旅客发送量达到 10773 万人次，开行旅客列车 513 对。铁路货运量达到 10078 万 t，其中发送 3103 万 t、到达 6975 万 t。

② 主、辅客站功能和布局。客运站按“四主两辅”6 个主辅客站规划布局。其中，北京站、北京西站、北京南站和北京北站为枢纽的主要客站，丰台站和新北京东站（通州站）为枢纽的辅助客站。

根据铁路枢纽主、辅客站功能布局及分方向组织运输原则，逐步对枢纽 6 座客站的使用功能进行调整，加紧实施北京南站和北京北站的整体改造。根据东部新城发展需要，保留新北京东站发展为主要客站的可能。

（2）铁路干线和铁路通道规划。

① 规划建设京沪、京广和京哈高速铁路，以解决东南、西南和东北方向铁路客运通道运输能力紧张问题，提高铁路运输系统的服务水平。应做好 3 条高速铁路的前期工作，在适当时机进行建设。

② 构建京津冀地区快速铁路运输网络。

借鉴国外大都市发展经验，考虑国内社会经济发展和区域协调发展的需要，为满足京津冀地区城市间旅客快速出行要求，开行区域快速铁路运输系统十分必要。

规划建设以首都为中心、京津为主轴、京石京秦为两翼的快速铁路运输系统。该系统由 7 条线路组成，线网长度 1284km。系统服务特征为：覆盖京津冀地区的主要城市，以 2h 通达为目标。与北京铁路枢纽有关的 5 条规划快速铁路线路为：

京津快速铁路，北京经天津至塘沽，线路长度 160km；

京石快速铁路，北京至石家庄，线路长度 263km；

京秦快速铁路，北京至秦皇岛，线路长度 287km；

京承快速铁路，北京至承德，线路长度 190km；

京张快速铁路，北京至张家口，线路长度 140km。

2010 年之前，先建设京津快速铁路，构建连接北京、天津的主轴；2020 年之前，建设两翼线路，即京石快速铁路和京秦快速铁路；2020 年之后，适时修建京承快速铁路、京张快速铁路和另外 2 条（津唐、津保）快速铁路，建设完成覆盖京津冀地区主要城市的快速铁路网络。

③ 建设北京站和北京西站之间的地下直径线。北京站和北京西站间的地下直径线已规划多年，其功能在于协调两座车站设施的利用和增加车站接发列车的能力，同时可以灵活组织两站列车的对开作业，完善枢纽的功能。

④ 规划建设连接北京西站、北京站和新北京东站的铁路客运通道。规划地下直径线连接北京站和北京西站，在地下直径线基础上，利用通惠河南侧的铁路走廊，构建连接北京西站、北京站和新北京东站（通州站）东西方向、横贯中心城并连接东部新城的铁路客运通道。利用该通道可以灵活组织三站间高速铁路和快速铁路运输系统的对开运行、可以开行三站间的短途列车，以方便市民乘车、缓解城市交通，并为中转乘客和短途乘客提供便捷服务，同时又可以提高地下直径线的利用率。

⑤ 铁路通道规划。鉴于既有铁路干线线形标准低和运输能力基本趋于饱和的情况，发展高速和快速铁路运输系统需要敷设新的高标准的铁路线路。从节约城市建设用地、减少铁路线路对城市用地的切割考虑，新增设的高速、快速铁路线路原则上沿既有铁路干线一侧设置、与既有铁路干线形成统一铁路通道。

京广高速铁路与京石快速铁路、京哈高速铁路与京秦快速铁路宜采用共线运输方式；京沪高速铁路与京津快速铁路原则上也应采用共线运输方式。两线若单独引线进京，须做必要性论证、要有充分的客流依据。

一般铁路通道，规划为双线铁路，为客货运输混行；含有高速、快速铁路的通道，规划为 4 线铁路，其中，2 线为普速客货运输混行，另外 2 线为高速、快速客车专用线路。

规划保留原有 10 条铁路干线，其规划通道为：京山线通道、京广线通道、京包线通道、京承线通道、京秦线通道、京九线通道、京原线通道、丰沙线通道、京通线通道、大秦线通道。规划新增 1 条京津快速铁路通道。

⑥ 铁路环线规划。铁路枢纽规划了内、中、外 3 重环线。内环线由京山线、丰沙线、石衙联络线及地下直径线组成，功能以客运为主；中环线由门大线、西环、西北环、东北环、东环及南环组成，主要功能是为近郊地区提供客货运输服务；外环线由西外环、北外环、东外环及南外环组成，外环线为货运环线。

⑦ 货运场站规划。根据城市建设发展情况和城市总体规划要求，在既有货运场站的基础上对货运场站布局进行必要的调整，将大型货运场站逐步向外迁移，新建

货场设在五环路或六环路附近，以减少城市交通压力及环境污染，实现货运场站的合理布局。

铁路枢纽货运系统主要货站按“1–2–8–11”整体布局。其中，1 个集装箱中心站，2 个集装箱办理站，8 个专业性货场，11 个综合性货站（图 3–9）。

图3–9　北京铁路枢纽规划图

3.2.4.2　航空港规划

空港不仅是关系城市经济社会发展的重要对外交通设施，而且也是奥运交通不可或缺的保障条件。在申奥报告中，已经向国际奥委会提交了以下承诺：北京首都国际机场将作为奥运提供全天候服务的主要空港，另外将提供北京郊区的南苑机场和天津滨海国际机场作为紧急情况下的备降机场。首都国际机场在 2008 年之前将进行大规模的扩建和改造，新增 1 条跑道，1 座候机楼和 55 个停机位，满足奥运会期间 13 ~ 15 万人次 / 日的进出港需求。

同时，承诺在机场与奥林匹克大家庭成员驻地之间提供免费接驳专线服务，行程时间在 30min 以内（天津滨海国际机场至奥林匹克大家庭成员驻地行程时间不超过 70min）。

（1）民航当时状况及发展预测。2001 年，首都国际机场是民用航空运输机场、国家门户机场、大型综合枢纽机场和全国航运集散中心。首都国际机场航站区共占地 234.5 万 m^2，当时有两个航站楼（1 号航站楼和 2 号航站楼）。设计容量为高峰小时 12100 人次，满足年旅客吞吐量 3500 万人次的需要。

当时，民航首都国际机场共有航线 208 条，其中国内航线 114 条，通航国内大部分省会城市、开放城市、旅游城市以及香港、澳门地区共 84 个城市；国际航线 94 条，通往 41 个国家 59 个城市。2001 年，旅客吞吐量为 2418 万人次，近十年的年均增长率为 14.4%。首都国际机场已成为国际航线和国内航线、国内干线之间、国内干线与支线的重要交汇点。

根据民航部门预测，未来民用航空运输需求见表 3-5。

表3-5 民航运输量预测

年 份	旅客吞吐量		货邮吞吐量	
	数量（万人次）	增长率（%）	数量（万t）	增长率（%）
2000年	2169	19.2	50.4	15.8
2005年	3500	9.1	90.0	10.9
2010年	4800	6.1	130.0	7.1
2015年	6000	4.6	180.0	6.7
2020年	7200	3.7	230.0	5.0

在各正常年份航空业务量预测的基础上，对奥运期间额外增加的进出港旅客数量也作了初步预测，预计奥运会前后及奥运会期间高峰月奥运客流量约为 120 万人次，加上日常（非奥运）旅客量（436 万人次 / 月），这期间首都机场高峰月旅客吞吐量约为 556 万人次。

因此，机场此次扩建规模拟以 2015 年为目标年，高峰月旅客吞吐能力可达到

620 万人次，完全可以满足奥运会期间的航空需求。

（2）规划要点。

① 扩建首都国际机场。按照国际枢纽港的功能目标要求，扩大国际与国内航线覆盖范围，改善中转服务，提高中转旅客比例，扩大客货运输业务量。

2008 年之前，新建 T3 航站楼（建筑面积近 100 万 m^2）和东跑道。使高峰小时起降能力由 2000 年的 72 架次提高到 86 ~ 90 架次，年旅客吞吐量达 6000 万人次以上，货邮吞吐量 180 万 t 以上。配套建设专机、公务包机停机坪和航站楼；全面改善空管及地面服务设施。

② 全面改善空港集疏运系统。为提高首都机场旅客集散能力，缩短行程时间，规划建设由东三环路直达 T3 航站楼的第二条机场高速公路以及机场南线和机场北线两条与中心城北部、西部地区联系更为便捷的高速公路通道。同时，在 2008 年之前建成由东直门直达 T2、T3 航站楼的快速轨道交通线路。利用高速公路及城市快速走廊增辟覆盖市区及部分郊区新城的机场穿梭巴士服务网络如图 3–10 所示。

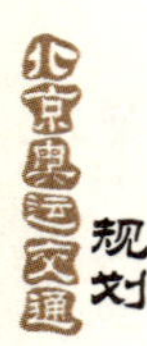

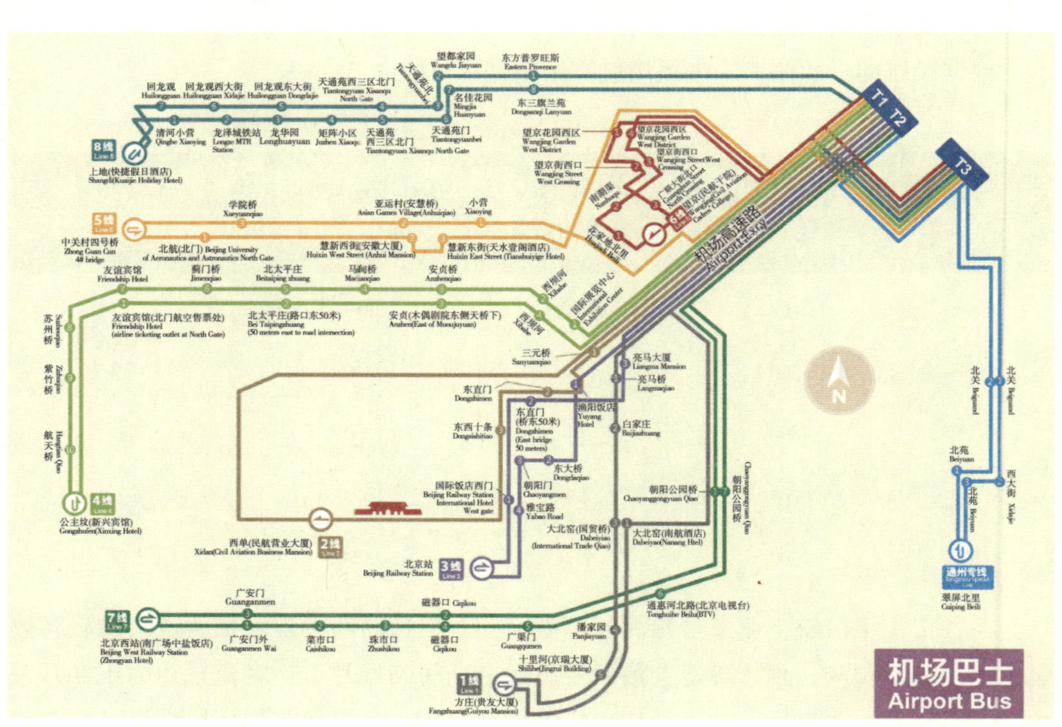

图3–10　首都机场进出港集散交通网络规划图[1]

1　图片来自北京首都国际机场有限公司。

3.3 奥运场馆交通设施专项规划

奥运场馆交通设施是根据奥运会期间赛时运行需要安排的永久性或临时性交通设施。此外，根据赛时交通运行实施方案，需要对城市交通基础设施作局部性功能调整。

这项规划要以每一个（组）比赛场馆或训练场馆为规划对象，因地制宜地逐一编制场馆交通设施规划。

3.3.1 场馆交通规划的基础依据

场馆交通规划的主要依据如下：

（1）城市总体规划，特别是综合交通规划，包括场馆周边路网规划、公共客运系统规划、停车设施规划等；

（2）场馆赛事运行方案，包括：赛程时间表、赛事组织（运动员、工作人员、媒体的人数、路线、时间及交通方式等）、观众人数（与场馆规模有关）及进出场馆时间等；

（3）场馆周边已有各类交通设施状况（构成、布局、运行特征、承载能力及负荷状况等）；

（4）场馆所在地区在赛时拟采取的安全保卫与交通管制措施。

3.3.2 场馆交通设施规划的原则

奥运场馆周边交通设施规划及交通组织首先必须要满足奥运会组织委员会对赛事交通服务的具体要求，在此前提下适当兼顾社会交通。场馆交通服务按不同服务群体优先等级对 IOC 官员、国际单项组织官员、技术官员、运动员、媒体、赞助商、工作人员、志愿者、观众等不同群体进出场馆安保区及他们在馆区内的活动逐一作出组织方案，在此基础上才能有针对性地安排各项交通基础设施。

规划基本原则是：

（1）必须满足国际奥委会对奥运交通组织的各项要求；

（2）必须处理好奥运交通组织与社会交通的协调关系，尽量减少对城市正常生活的干扰；

（3）必须保证奥运交通具有良好的可达性和较高的服务水平，满足到达和疏散的时间要求；

（4）应做到各种性质的交通流线（包括人与车、不同层次的车与车、不同层次的人与人等）在空间或时间上避免交叉冲突，尤其是 T1 ~ T4 与 T5（观众）一定要分隔开；

（5）充分利用现有设施，并综合考虑赛后利用。新建或改造设施凡赛后不具利用价值的，则采用可拆移的临时性设施或一次性简易设施，但均须满足安全要求；

（6）在给定 T1 ~ T4 用地布局的基础上，在场地布局方面，优先考虑公交车辆停车场和上下车乘降站的设置。

3.3.3　场馆交通设施规划基本流程

场馆交通设施规划的编制工作流程与技术路线大致为下图所示（图 3-11）。由于各场馆使用性质（赛事类别及赛事日程安排）、场馆规模、所处区位环境的不同，其规划重点也有所区别。

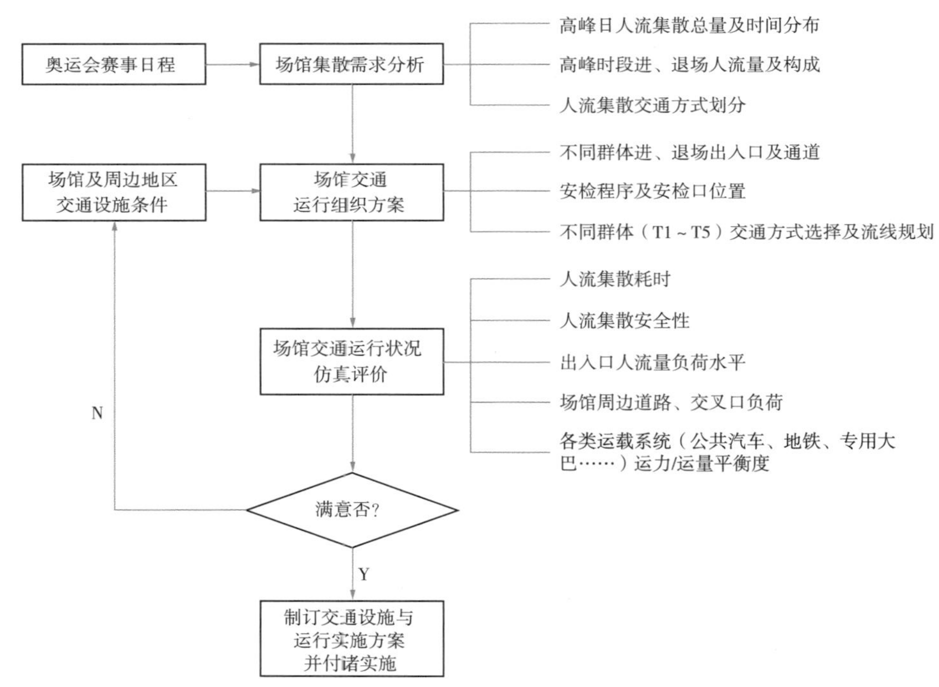

图3-11　场馆交通设施规划工作流程技术路线图

关于需求预测方法在本丛书之二《北京奥运交通需求》中有详细论述，本书不再赘述，而是以两个典型场馆的规划（奥运公园、五棵松）为例展示场馆交通设施规划的流程和方法，并对一些共性的问题进行了归纳总结。

3.4 场馆交通设施规划实例——奥林匹克公园[1]

奥林匹克公园地区的综合交通规划非常复杂，既要满足奥运会这种大型活动的需要，又要考虑到该区域的长远发展。奥林匹克公园地区的综合交通规划在继承传统交通规划理念、方法的基础上，综合分析城市交通需求和奥运会交通需求，形成远期、近期相结合，城市交通和奥运交通结合的规划体系。

3.4.1 概述

考虑到奥林匹克公园按照城市总体规划在奥运会后将成为与中关村科技园区以及市区东部的中央商务区（CBD）并列的三大重点新兴功能区，在制订该地区交通基础设施规划的时候既充分考虑了奥运期间赛事交通需求，也同时考虑了奥运会后该地区建设发展的交通需求。

奥林匹克公园地区位于北京南北中轴线北端，是经济高速发展的北部地区的中心，背靠城市绿化带、环境优美，与中关村科技园区、CBD一起成为北京三大重点建设地区，构成新北京的风貌（图3-12）。

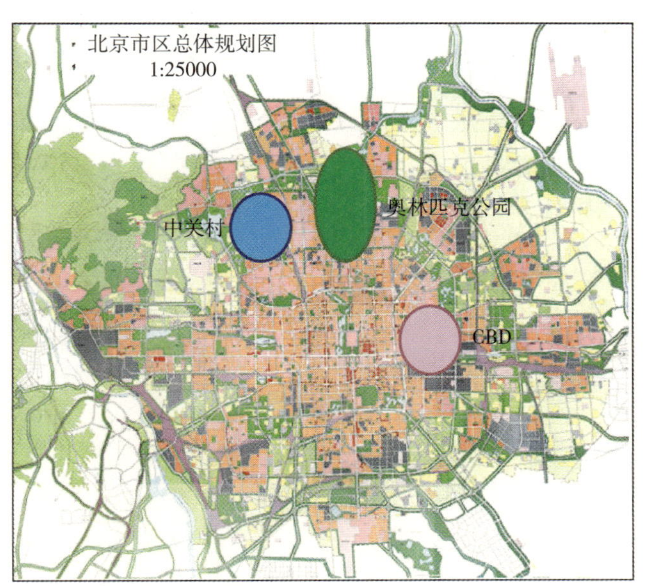

图3-12 规划地区区位

按照规划，奥林匹克公园将建成一个充满活力的、市民喜爱的、集体育、文化、

[1] 本节主要内容引自北京交通发展研究中心组织编制的《奥林匹克公园综合交通规划》。

展览、休闲、旅游观光为一体的多功能公共活动区域，并将完善北部城市功能、提升城市品质、形成新的城市形象并加快北京向国际化大都市迈进的步伐。

但是奥林匹克公园所在的城北地区尤其是亚运村地区，一直存在比较严重的交通问题，是北京市交通拥堵最为严重的地区之一。城北地区能否承担如此大规模的开发建设，能否为奥运会提供优质的交通服务，一直是人们所担心的问题。

奥林匹克公园赛时运行范围约 900 万 m^2，集中了 10 个竞赛场馆和 7 个非竞赛场馆，是最大的场馆群。其中，奥林匹克中心区包括会议中心击剑馆、国家体育馆，国家游泳中心（“水立方”）、国家体育场（“鸟巢”）；南区场馆群包括奥体中心体育场、奥体中心体育馆、英东游泳馆；北区包括奥体公园射箭场、奥体公园网球中心、曲棍球场（各竞赛场馆赛时项目及座席数见表 3-6）。

表3-6　奥林匹克公园场馆赛事活动及座席容量

场馆名称	奥运会比赛项目	残奥会比赛项目	座席数
国家体育场	田径、足球、马拉松、竞走	田径	91000
国家体育馆	体操、手球、蹦床	轮椅篮球	18000
国家游泳中心	游泳、跳水、水球，花样游泳	游泳	17000
击剑馆	击剑、现代五项	轮椅击剑	6000/2000
奥体中心体育场	足球、现代五项		40000
奥体中心体育馆	手球		7000
英东游泳馆	水球、现代五项		6000
奥体公园射箭场	射箭	射箭	5000
奥体公园网球中心	网球	轮椅网球	16200
曲棍球场	曲棍球	7人制足球，5人制足球	12000/5000

在进行奥林匹克公园地区综合交通规划时，奥林匹克公园的总体规划已经完成，国家体育场、国家体育馆、国家游泳中心、会展中心等大型公共设施和商业开发设施，将可能产生较大的交通量，会使城市交通格局发生较大的变化。

奥运公园在奥运比赛高峰日将汇聚 40 万名观众，对公园内外的交通设施是严峻的考验，需要进行详细周密的规划与设计，要对奥运会交通服务的要求和运营管理的对策有深入细致的了解，并运用到规划之中。

此规划以整个市区为研究背景，具体规划范围：北至五环路以北（清河南岸），南至三环路，东至京承快速路，西至规划的京包公路。以奥林匹克公园地区为研究重点如图 3–13 所示。

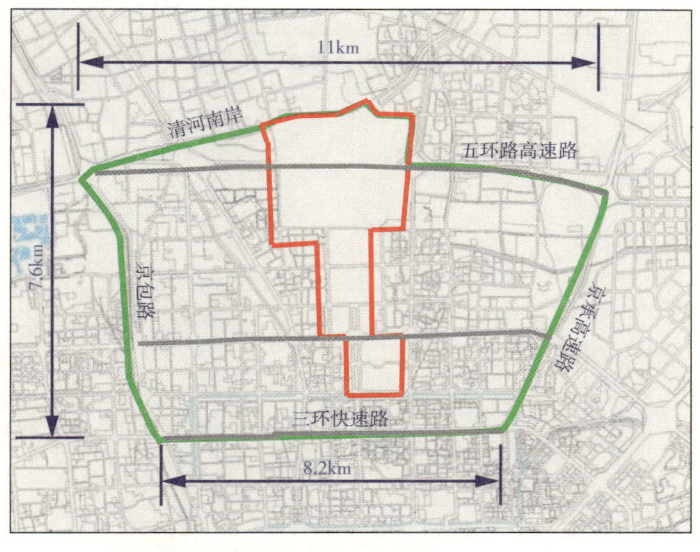

图3–13　规划范围示意图

奥林匹克公园规划总用地共 1135 万 m^2，其中：森林公园 680 万 m^2，四环路至科荟路用地 291 万 m^2，现有国家奥林匹克体育中心用地及南部预留地 114 万 m^2，中华民族园及部分北中轴用地 50 万 m^2（图 3–14）。

此规划以满足奥林匹克公园建设需要为出发点，结合奥林匹克公园的总体规划，吸收和借鉴往届奥运会的成功经验，制订奥林匹克公园及周围地区的永久性交通设施规划和临时性设施概念性规划以及奥运会交通组织（概念）规划，为奥运公园场馆建设提供设计条件，同时提出奥林匹克公园交通规划的实施计划和相关保障措施。

为了保证此次规划各项任务的按时完成，制订了分阶段执行的规划技术路线，如图 3–15 所示。

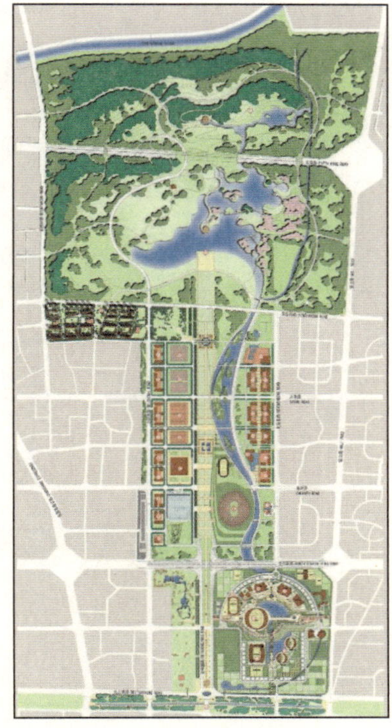

图3–14　奥林匹克公园平面示意图

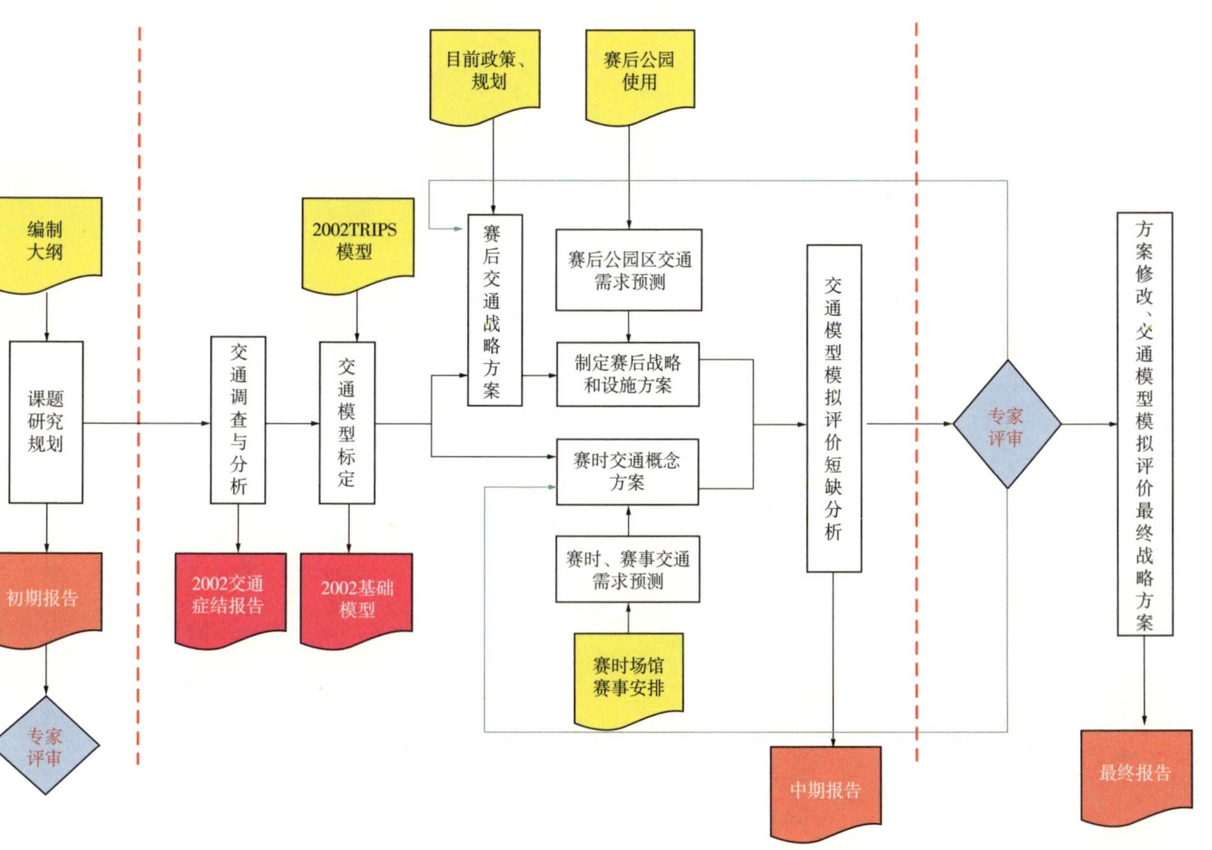

图3-15　项目技术路线图

奥林匹克公园地区交通规划采用了定量与定性分析相结合的方法，定量宏观地进行了分方向的交通出行需求、供应短缺分析，力求实现供需的动态平衡。

此次规划以交通模型分析为基础，测试各个发展策略的目标成果，并根据测试结果对方案进行修正。将交通战略研究和设施规划结合起来，交叉进行，并提出多个方案。方案制订过程中将土地使用战略、供给方案和交通政策有机地结合，强调方案的战略性和可实施性。规划方法如图 3-16 所示。

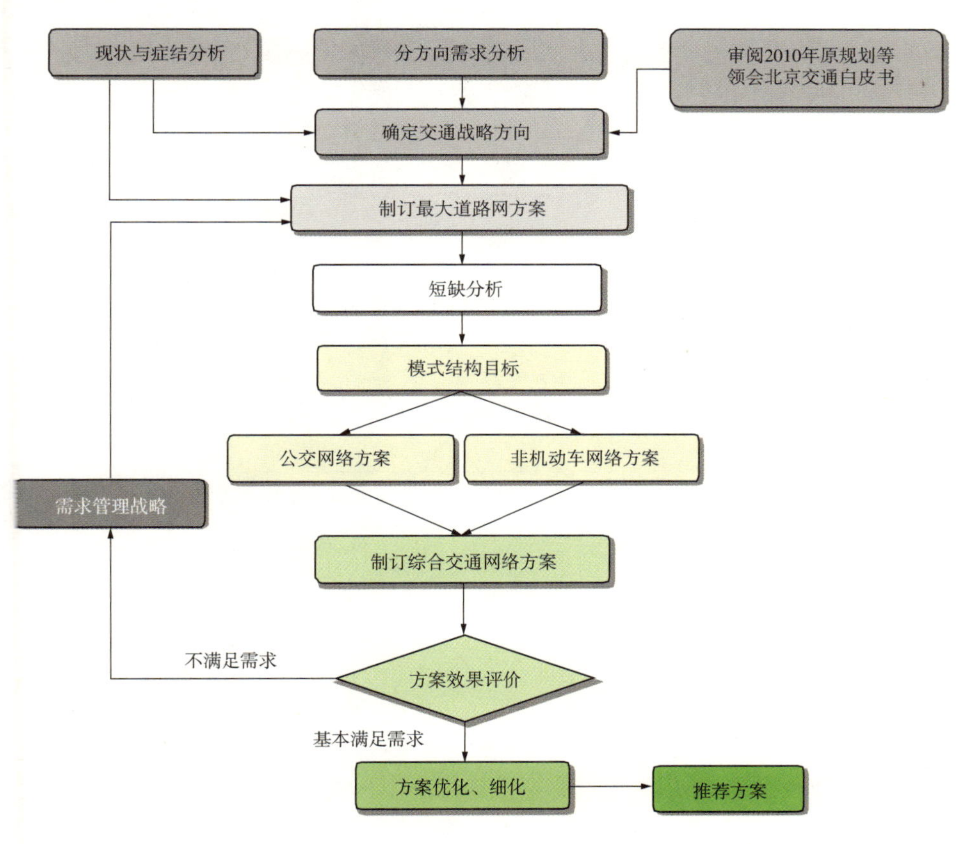

图3-16　规划方法与过程

3.4.2　交通需求预测

规划运用北京市的交通预测模型定量地分析规划区及周边地区各种土地使用和开发强度与交通量产生吸引关系，并预测交通流量、流向和时空分布特性。由此得出了规划年影响规划区的三个主要交通需求：奥林匹克公园的交通出行需求、规划区的交通出行需求和过境交通需求，并对这三个交通需求进行了定性分析。

（1）奥林匹克公园交通需求。奥林匹克公园是 2008 年奥运会的核心地区，规划区的交通系统首先要为 2008 年奥运会提供高标准的交通服务需求。

根据预测，2010 年出入奥林匹克公园的交通流将达到 43 万人次 / 日，未来土地全部开发后，将达到 51 万人次 / 日。奥林匹克公园分方向出行需求如图 3-17 所示。

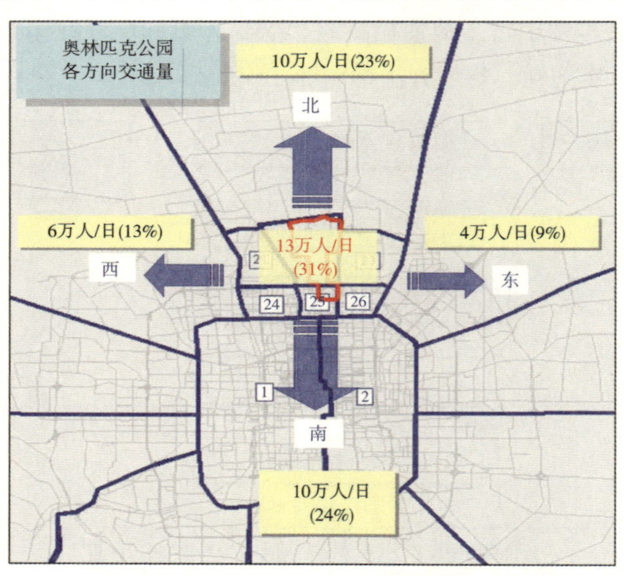

图3-17　2010年奥林匹克公园分方向日出行需求

（2）规划区交通需求。未来若干年当中，由于这个地区独特的投资吸引力，剩余可开发的土地将很快得到开发，并带来新的增长点。预计，该地区的日交通出行需求将从 2000 年的 259 万增长到 2010 年的 389 万，增幅约为 50%。其中约一半的增长来自于奥林匹克公园的综合开发，其余来源于周边土地开发。

由于规划区的开发较为综合，因此早高峰期间进出规划区的总交通量相差不多，吸引量（20.4 万人次 /h）略大于生成的总交通量（16.5 万人次 /h）。

（3）过境交通需求。规划区北部是开发规模较大的边缘居住区，当时有 67 万人口，预计远景年为 100 万人口，就业岗位 25 万个。该区域大部分居民需要进入三环路内城区就业，因此造成大量南北方向的过境交通，根据预测，2010 年南北方向过境交通量将达到 69 万人次 / 日如图 3-18 所示。

同时，该部分过境交通量多以通勤交通为主，交通量的潮汐现象十分明显，向南方向过境的早高峰流量达 5.6 万人 /h，以此造成向南过境交通需要占用相当于 20 条快速路车道的通行能力。而南北过境的最短途径是使用奥林匹克公园两侧的景观东路和景观西路，对奥林匹克公园未来的功能产生不利影响。因此，本次战略规划的一个重点就是合理疏导这部分过境交通流。

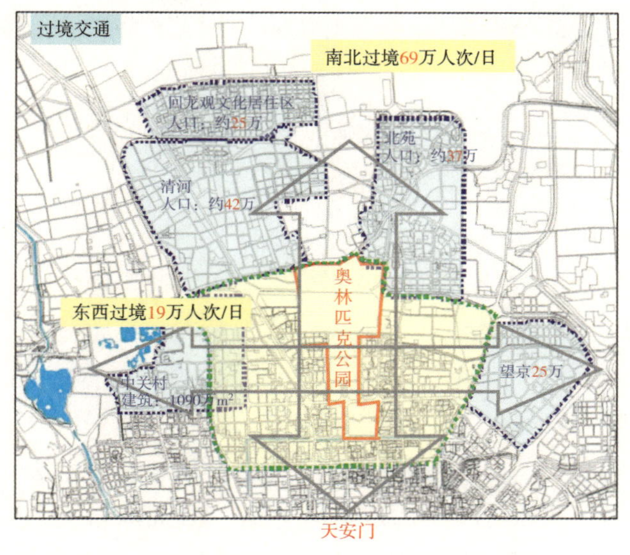

图3-18　2010年过境交通需求量

3.4.3　交通发展战略

奥林匹克公园交通战略研究遵循交通发展的基本规律，适应城市化、机动化、现代化和城市交通一体化等发展趋势，从提高供给能力和控制需求两个角度确定战略方向，应对规划区面临的交通挑战，提出供需平衡的、可行的战略方案，为城市的可持续发展提供优质的交通服务。

3.4.3.1　战略目标

（1）总目标。根据奥林匹克公园地区的城市功能和交通需求，本着人性化及可持续发展的原则，将奥林匹克公园及周边地区交通系统逐步建设成为：满足奥林匹克公园功能要求、体现"新北京、新奥运"特色，提供不同层次的人性化服务，信息化、一体化，高效、安全、绿色环保，综合能力略超前，并具应变能力的综合交通系统。

（2）2010 年战略指标。

- 道路平均速度：区内干线道路早高峰平均速度 >15km/h；
- 公交运营速度：区内公交干线早高峰平均运行速度 >20km/h；
- 公交主导：早高峰公交分担率平均达到 50%。

指标定义及与 2000 年比较见表 3-7：

表3-7　2010年规划指标及与2000年指标对比

指　标	2000年	2010原规划	2010目标	比原规划增加
道路运营速度（km/h）	13.3	10.6	15	42%
公交运营速度（km/h）	10.0	16.1	20	24%
公交主导（%）	26.5%	42%	50%	8%

3.4.3.2　战略方向

（1）调整用地结构与控制交通需求。北京城市交通拥堵的原因之一是城市用地结构和用地功能与城市交通发展不相适应。在奥林匹克公园地区，主要体现在以下两个方面。

① 过境交通量大：规划区位于北部居住区和四环路内城区的中间地带，由于北部居住与市区就业的分离，致使高峰期间大量的过境通勤交通从规划区经过，预测南北过境交通为 69 万人次 / 日，给规划区的交通系统带来极大的交通压力。如何合理分流、疏解该部分交通是制订奥林匹克公园交通战略方案的关键之一。

② 规划区交通需求与用地限制：奥林匹克公园地区的土地开发强度较高，多数地区的容积率在 1.5 ~ 2.8 之间，交通的产生和吸引量较大，2010 年规划区总交通需求将从 2000 年的 259 万人次 / 日增长到 389 万人次 / 日。但受土地资源预留条件的限制，道路网可扩展的空间相当有限。规划区域当时绝大部分土地已经或正在开发，土地对区域交通结构的调控力度已变得十分微弱。

针对以上问题，拟采取如下战略对策。

调整土地规划：合理规划北部地区的土地使用和布局，通过北部地区的用地功能平衡和三环路内就业密度降低等措施减少进入规划区的交通需求。经预测，至少减少 30 万人次 / 日的居民通勤量才能有效缓解对规划区的交通压力。

控制规划地区的土地使用：严格执行奥林匹克公园及其周边地区控制性详规，降低土地开发强度。

减少小汽车向心交通量：北部五环路以外地区，有条件的地方尽量采用停车换乘（P+R）模式。

需求管理措施：对规划区以及周边地区实行适当的需求管理政策，实行阶梯式拥堵收费或停车收费。通过交通政策等的导向作用，促进交通出行模式的转换，以减少机动车出行量，减轻交通拥堵。

（2）优化交通模式结构。当时的交通出行模式结构不能适应规划区的交通需求与服务水平。强调公共交通的主导地位，尽可能提供大容量公交通道，引导过境交通充分利用轻轨、BRT 和地铁等交通设施。

奥林匹克公园地区应以发展快速、大运量和网络化的城市轨道交通系统为突破口，构建以轨道交通为骨干的公共交通体系，优化资源配置规模。轨道交通系统的建设，将增强公交的总体服务水平，从根本上优化该地区的出行结构，解决交通拥堵、环境恶化等问题，以实现该地区的可持续发展。

在城市转型的过程中，必须把握时机、适时适度地发展轨道交通。此外，公共交通系统的建设要与道路能力互补，尽可能地分担道路交通量，提高主要交通方向的通行能力。

合理的城市交通应是平衡发展、兼具多种交通方式的。在大力发展公共交通的同时，必须承认北京正处于机动化高速发展时期，市民拥有、使用小汽车的强烈意愿不可忽视。制订奥林匹克公园地区未来交通模式结构目标以及交通政策时应充分考虑这一因素，尽可能通过提供高水平的公共交通来减少人们对小汽车的依赖。

规划提出的规划区 2010 年分方向的交通模式结构目标如图 3-19 所示。

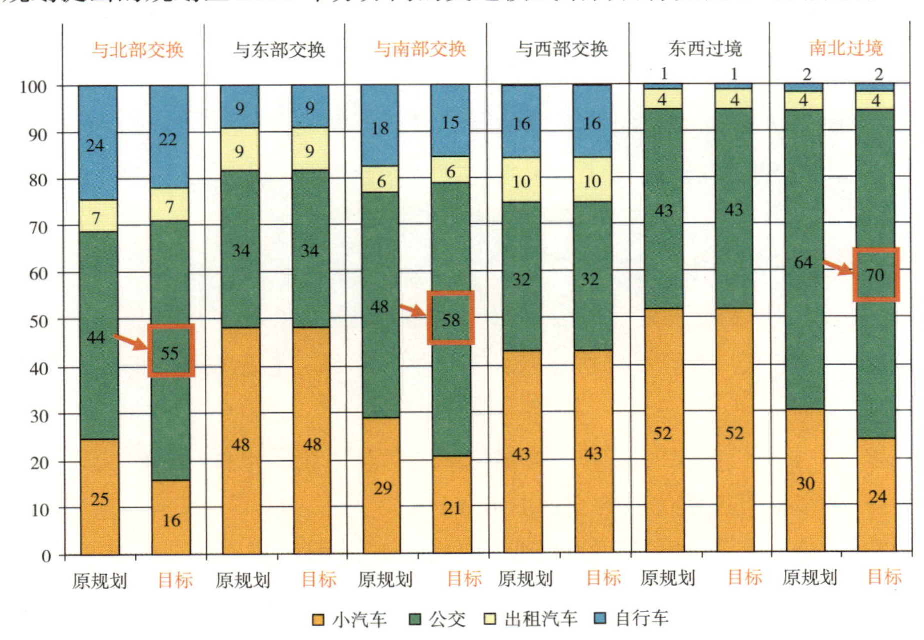

方向	方案	小汽车	公交	出租汽车	自行车
与北部交换	原规划	25	44	7	24
与北部交换	目标	16	55	7	22
与东部交换	原规划	48	34	9	9
与东部交换	目标	48	34	9	9
与南部交换	原规划	29	48	6	18
与南部交换	目标	21	58	6	15
与西部交换	原规划	43	32	10	16
与西部交换	目标	43	32	10	16
东西过境	原规划	52	43	4	1
东西过境	目标	52	43	4	1
南北过境	原规划	30	64	4	2
南北过境	目标	24	70	4	2

图3-19　2010年分方向的交通模式目标结构

（3）构建综合交通体系。

① 加强交通基础设施建设。当时规划区的交通基础设施水平还较低，首先应加强交通基础设施建设，尽量提高供给，提高整个综合交通网的交通容量。

② 实现各交通设施的综合协调互补。实现道路设施与公共交通设施，尤其是与轨道交通设施的协调。道路设施要为地面常规公交系统设计合理的断面和公交停靠站，最大程度地方便公交通行；同时，轨道交通的建设将会使大量的客流从地面公交或小汽车转向轨道交通，因此要实现轨道网与道路网的合理匹配。

实现停车设施与枢纽设施的协调，在大的枢纽换乘地合理规划停车设施，保证静态交通设施与动态设施的协调，最终在规划区内构建合理的交通基础设施网络，实现道路设施、轨道设施、枢纽设施、停车设施和管理设施的综合协调互补。

③ 实现各运输方式的无缝衔接。整合运输资源，在区域内建立以交通枢纽为核心的现代化的交通衔接系统，合理设置换乘枢纽，实现小汽车、轨道交通、常规公交、自行车等运输方式的无缝衔接。

④ 建立信息化、一体化的交通管理体系。采用先进的管理技术，构建信息化的智能交通管理体系。通过制订合理的定价与收费政策，平衡各项交通设施的建设和使用，使各设施协调运行。

（4）支持奥林匹克公园的各项功能。奥林匹克公园及周边的交通系统应支持公园的各项功能，为公园今后发展创造条件。另外，奥林匹克公园内的交通系统是全部新建的系统，应当成为综合交通规划的成功典范，体现新北京、新奥运特色。奥林匹克公园交通战略方向体现在：

① 建设一个结构和运输模式与未来公园功能协调的、以公交为主导的综合交通系统，包括：

• 建设级配合理的内部道路网。

• 建设与周边路网合理连接的公园出口及连接高速路的通道。

• 建立一个快速、大容量、优质服务公交服务系统，包括轨道、BRT、地面公交线路与场站。

② 建设一个先进的交通控制、诱导和交通信息系统，以保证赛时交通运营，并能为赛后日常和赛事提供优质的交通服务。

③ 奥林匹克公园赛时、赛后都将吸引大量人流，因此应建立一个安全、舒适的，适应赛时、赛后需要的行人和非机动车系统和人群集散空间。

3.4.4 战略方案与评价

3.4.4.1 战略方案

如前所述，本次规划基于 3 个战略框架。在这 3 个框架下，共建立和测试了 7

个组合方案。所有组合方案均采用了相同的最大道路网方案。

这 3 个战略框架为：

• 战略框架 A（Scenario A）：以交通设施扩容为对策，不控制交通需求，设计了 A-1、A-2、A-3 和 A-4 四个公交组合方案（具体公交方案见 3.4.6 节）；

• 战略框架 B（Scenario B）：交通设施扩容，辅以强化的需求控制，包括 B-1 一个组合方案，公交采用 A-1 方案；

• 战略框架 C（Scenario C）：交通设施扩容，辅以适当的需求控制，包括 C-1 和 C-2 两个组合方案，公交采用 A-1 方案。

3.4.4.2　可选组合方案的综合评价

（1）评价指标体系。评价指标体系的建立应充分考虑指标的公平性、独立性和评价的可行性。

由于奥林匹克公园只占北京规划城区面积的 5.8%，而交通供给方案只限制在规划区内，基于全市网络的宏观指标的评价很可能不显著。为此，除模型评价指标外，还需要构筑若干非模型的评价指标，如网络密度、公交覆盖程度等以反映服务水平。同时，方案的成立还与供需能力以外的社会因素有关，因此，方案评选还应包括一些定性指标。

• 畅通性：

▪ *V/C*：早高峰小时道路平均 *V/C*

• 服务水平：

▪ 区内道路平均速度

▪ 区内公交平均速度

• 方便性和可靠性：

▪ 道路分级密度

▪ 公交线网密度

• 公交主导：

▪ 公交承担比例

• 高效、可行性：

▪ 投资总量

▪ 建设困难程度

▪ 民意风险

（2）评价结果。依据以上评价指标体系，对各方案评价结果见表 3-8。

表3-8　各方案综合比较

分类	指标		目标	原规划	战略框架A				战略框架B	战略框架C	
					A-1	A-2	A-3	A-4	B-1	C-1	C-2
畅通性	V/C：早高峰小时道路平均V/C（%）	高速路		111	112	112	107	107	99	104	109
		干道		105	100	100	96	97	83	90	99
服务水平	区内道路平均速度		15	10.6	13.7	13.7	14.9	14.1	24.5	20.3	14.2
	区内公交平均速度		20	16.1	20.2	20.2	22.9	22.1	21.1	20.6	20.3
方便性和可靠性	道路分级密度（km/km^2）			5.4～7.1	6.3～7.3	6.3～7.3	6.3～7.3	6.3～7.3	6.3～7.3	6.3～7.3	6.3～7.3
	公交骨干线网密度			0.05	2.97	2.97	2.98	2.98	2.97	2.97	2.97
公交主导	公交承担比例（向南）%	南北过境	70	60	64	64	68	64	73	68	62
		向北	55	44	51	51	57	51	54	54	51
		向南	58	48	53	53	60	54	57	53	52
高效、可行性	投资总量				81.7	81.7	254.7	231.9	81.7	81.7	81.7
	工程难度				★	★	★★★	★★★	★	★★	★
	民意难度				★	★	★	★	★★★	★★	★★

注：★稍有难度；★★难度较大；★★★难度很大，需要特殊措施。

从表 3-8 中可见，B-1 的各项服务指标的效果最好。快速路和干道的负荷度均达到了可以接受的水平，并能提供较满意的服务水平，道路和公交运营速度都能超过 20km/h。然而，B-1 的全面实施需要很多条件。需要在实施阶梯式拥堵收费的同时，通过实现北部地区居住和就业的较好平衡，达到减少 30%（20 万人次 / 日）南北过境交通的程度。从当时到 2010 年时间较短，同时实施两项措施比较困难，应将 B-1 作为努力的理想目标。

3.4.5　道路网系统规划

以城市总体规划中原有路网规划（1999 年版）为基础，根据奥运会 10 个场馆交通集散需求及奥运会后该地区土地使用性质调整的实际变化，设计了两个比选方案：方案“0”为原规划方案；方案“1”则对“0”方案存在的主要问题作了修补。

修补方案针对当时主干路严重缺乏和断头路太多的特点，提出用充分扩充主干路、增加次干路的方法来增加路网容量；打通断头路，提高道路主要交通的连续性，同时为公共交通网的设置创造条件。针对支路网仍然缺乏和不足，提出要进一步完善微循环系统，提高支路网密度，同时注重考虑保护现有的绿化隔离地区，并尽可能使道路网规划方案具有可持续发展性。

路网规划的主要内容包括道路网的规划，道路交叉口规划，中心区路网规划及其交通组织。

3.4.5.1　道路网方案

路网结构由高速路、快速路、主干路、次干路、支路五级构成，形态布局为棋盘式如图 3-20 所示。

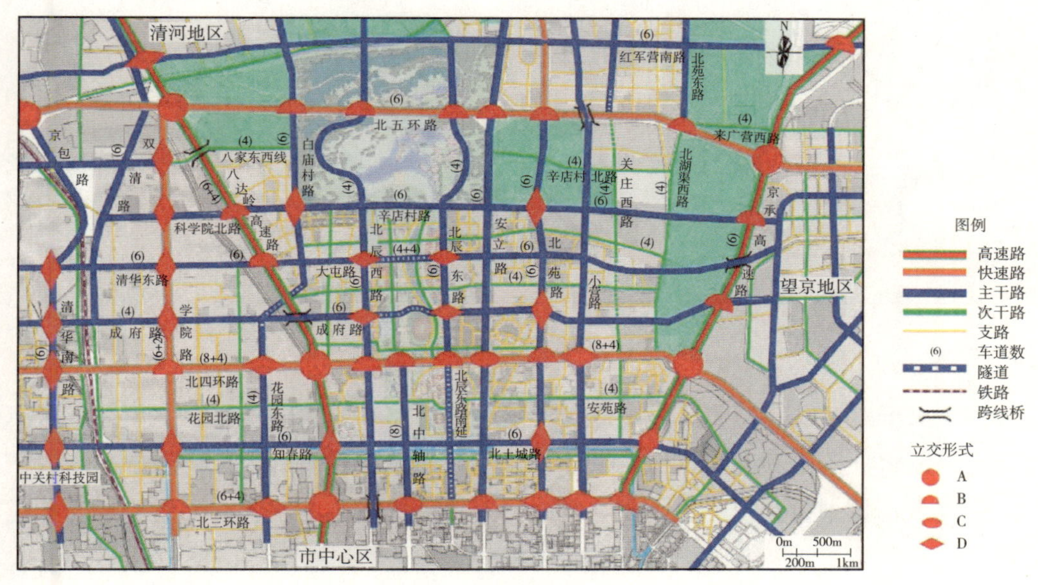

图3-20　最大道路网规划方案

（1）快速路规划。快速路网系统由东西方向快速环路和南北方向放射线构成。东西方向的快速路分别为北三环路、北四环路、北五环路。南北方向的快速及高速路为学院路（三环路—五环路）、八达岭高速公路（三环路以外）、京承高速公路（三环路以外）。

（2）主干路规划。增加东西向主干路，满足东西方向交通联系的需求。辛店村路、大屯路、成府路 / 惠忠路、知春路 / 北土城路构成道路网规划方案 1 中的四条横向主干道。

适应北部地区的交通需求，增加区域南北过境通道，并保证南北通道的连续贯通。道路网方案中的南北向主干道由京包路 / 清华南路、白庙村路 / 花园东路、北辰西路、北辰东路、安立路、北苑路、惠新东街 / 小营路六条道路共同构成贯穿规划区域内的南北向主要通道如图 3–21 所示。

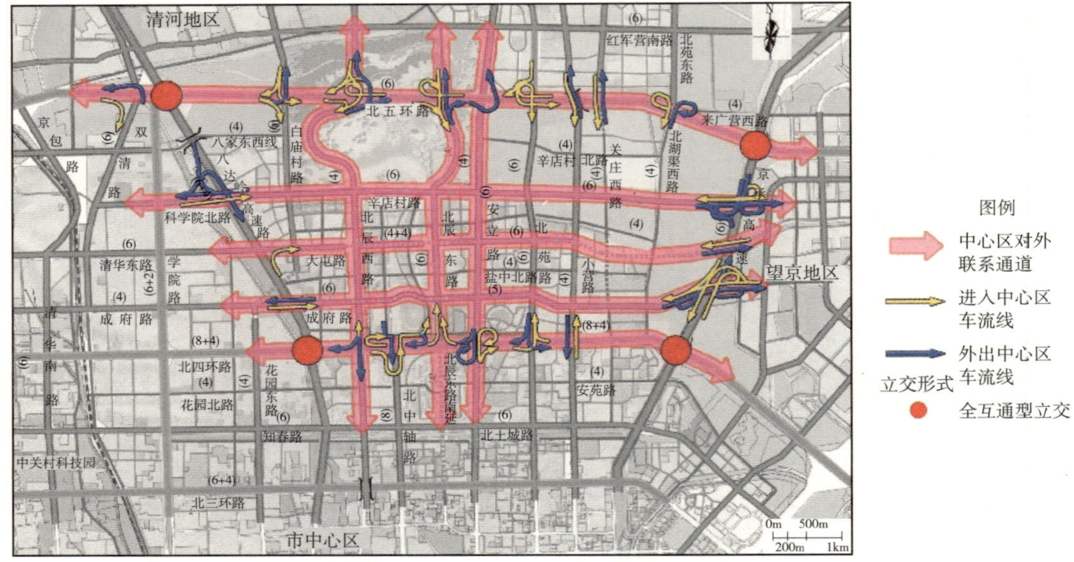

图3–21　奥林匹克公园主通道与节点主流向

（3）次干路及支路规划。路网规划方案中次干路和支路的规划，主要是针对奥林匹克公园将次干路和支路进行了调整，以保证新建后的奥林匹克公园中心区内低等级道路满足规划指标及交通需求。同时，对规划区域内的次干路和支路提出相应的规范指标和提高低等级道路密度的规划措施。

3.4.5.2　道路交叉口规划

道路交叉口规划主要包括立交的规划和平面交叉口的规划：

（1）立体交叉口规划。为了保证奥林匹克公园中心区与快速路网系统的联系，根据奥运公园中心区的交通需求，周边快速路及高速路与道路连接的特点，分别设置了不同类型的节点立交，来保证奥林匹克公园中心区车辆快速进出。

（2）平面交叉口规划。根据主要干道平面交叉路口存在的问题，对主要干道平面交叉口的处理，原则上根据交叉路口的特性，通过有效交通管理措施，利用路网，完成其转向。

一方面通过工程措施对路口加以改造，通过修建组团内的相应道路，利用路网的微循环系统，调整路口的转向车辆，提高路口的通行能力，另一方面通过管理措施，减少各种交通之间的相互干扰，提高通行能力，体现对公交车辆的优先权及行人通行的安全性，使交通组织的更加有序。

3.4.5.3 中心区路网规划及其交通组织

公园的中心区是整个公园的开发建设主体，是集多种功能为一体的公共活动区域，此次对奥林匹克公园的道路网规划重点是对公园中心区的道路网规划，以及中心区内主要交通的进出交通组织。

（1）实现大区域的主要交通干道在奥运公园中心区的穿越。由于奥运公园中心区的建立，使北部道路南北方向及东西方向主要干道被切断，为了保证主要交通干道的连续、通达，利用北辰东路、北辰西路代替部分北中轴路四环路向北段的功能，将北辰东路、北辰西路四环路以北段提级为主干路，向北连接并跨越五环路。

东西方向的主干路大屯路、成府路、在中心区内将以隧道方式穿越中心区，以减少大量的地面交通，并为东西向的过境交通提供保障。

（2）中心区对外联系及其进出交通组织。要保证中心区的设施功能得到充分的使用，应建立中心区对外联系的便捷交通通道，在中心区的道路网规划中根据中心区进出的交通需求来制订其进出通道数量。进出中心区的南北向主要通道：北辰西路、北中轴路、北辰东路、安立路；东西向的主要通道有辛店村路、大屯路、成府路、北土城路。

中心区的进出通道形成后，为了支撑其巨大的交通生成量，必须建立中心区与其周边快速路、高速路连接的进出口，以确保为中心区提供更加便捷、快速的服务。此次规划利用中心区西侧的八达岭高速路、北侧五环路、南侧四环路共规划 7 处与其周边快速路连接的进出口，以实现中心区与其周边快速系统的连接。

（3）中心区内部路网规划及其交通组织。内部与外部的交通转换要既便捷又不使外部过境交通干扰本地区。充分发挥内部路网的适应性和整体协同作用，满足公园为交通产生和吸引强度极高的大型公共建筑的使用要求。将交通流均衡分布到内部路网上，避免交通过于集中造成拥堵。加强公园内部各条道路间的相互联系。

中心区的主要干道规划为“两纵三横”格局，“两纵”指北辰西路、北辰东路，“三横”指成府路、大屯路、辛店村路如图 3-22 所示。

根据奥林匹克公园的总体规划要求，要结合奥林匹克公园的整体环境要求和各项建筑设施的功能布局来进行次干路的布局和断面形式规划。此次规划次干路为“两纵三横”格局，“两纵”包括景观路、湖边东路，“三横”包括北二路、中一路、南一路。中心区路网密度见表 3-9。

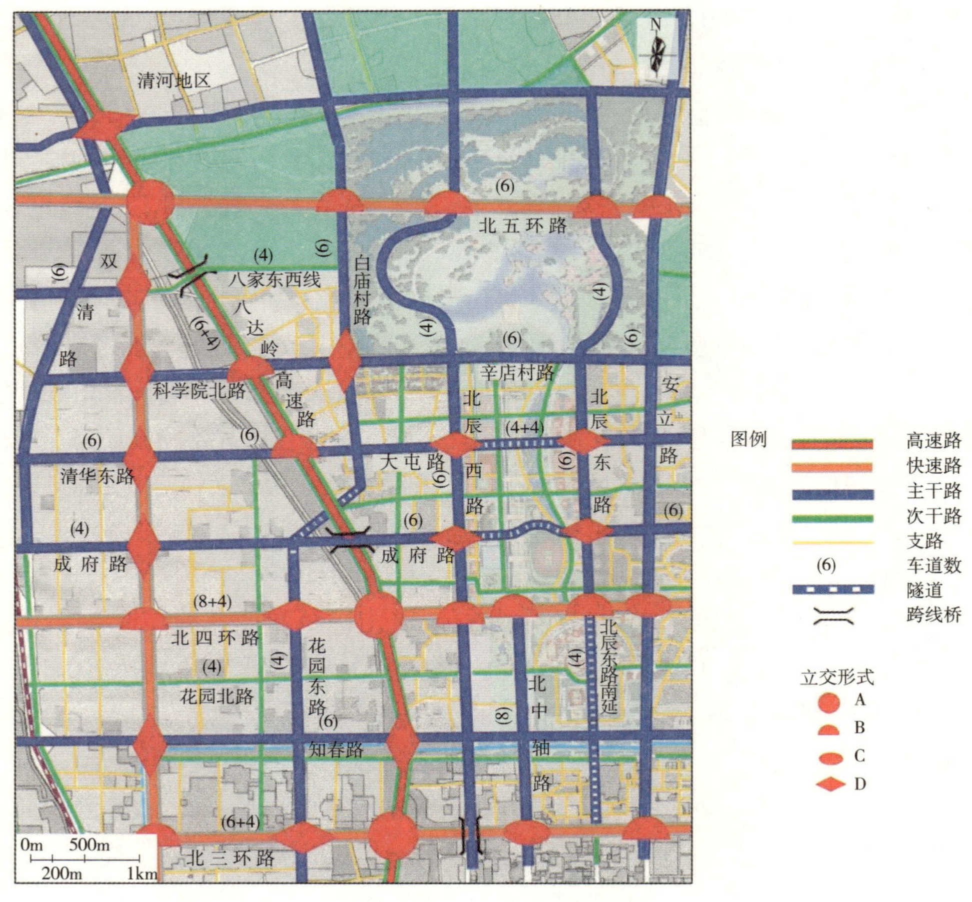

图3-22　奥林匹克公园路网规划

表3-9　中心区路网密度表

	主干路	次干路	支路	合计
道路网密度（km/km^2）	1.58/0.8–1.2	3.38/1.2–1.4	3.20/3–4	8.16
道路平均间距（m）	970/1100–900	600/900–800	450/580–500	
道路用地率	0.297			

注：奥林匹克中心区道路指标值/规范值。

为体现“以人为本”，保障人们运动、会议、休闲和娱乐的出行需求，公园内部道路相交均采用平面交叉路口处理，以方便行人过街。

3.4.5.4　方案评价

（1）道路网方案评价。对规划道路网的方案从规划道路网密度、道路网交通运行质量方面进行评价。

① 规划道路网密度。道路网“0”方案和“1”方案的道路网指标分别见表 3–10 和表 3–11。

表3–10　道路网“0”方案各等级道路指标

序号	道路等级	道路长度（km）	路网密度（km/km^2）	道路用地率（%）	规划指标（km/km^2）
1	高速与快速路	33.1	0.55	4.97	0.4 ~ 0.5
2	主干路	39.89	0.66	3.99	0.8 ~ 1.2
3	次干路	79.75	1.33	5.02	1.2 ~ 1.4
4	支路	95.4	1.43	3.58	3 ~ 4
5	合计	225.76	3.76	17.55	5.4 ~ 7.1

表3–11　道路网“1”方案各等级道路指标

序号	道路等级	道路长度（km）	路网密度（km/km^2）	道路用地率（%）	规划指标（km/km^2）
1	高速与快速路	37.2	0.62	6.15	0.4 ~ 0.5
2	主干路	75.29	1.26	7.53	0.8 ~ 1.2
3	次干路	84.9	1.57	4.78	1.2 ~ 1.4
4	支路	180 ~ 240	3 ~ 4	7.31	3 ~ 4
5	合计	377.4 ~ 437.4	6.3 ~ 7.3	25.77	5.4 ~ 7.1

结合两个方案的道路网密度指标可以看出道路网方案“1”整体的路网布局是比较协调的，路网结构级配关系优于道路网方案“0”。推荐道路网方案中道路网密度更加合理，主要干道得到扩充，大容量的机动车和公交客运系统走廊形成并得到完善。推荐道路网对次干路和支路网的建设提出了规划指标和改善措施。

② 道路网交通运行质量。

•推荐道路网方案在规划区域内东西向的主干道系统运行质量良好，平均车速达到 40km/h，是道路网“0”方案中东西方向干道运行速度的 2 倍。道路负荷度的平均值为 0.43，是路网“0”方案的 57%（图 3–23）。

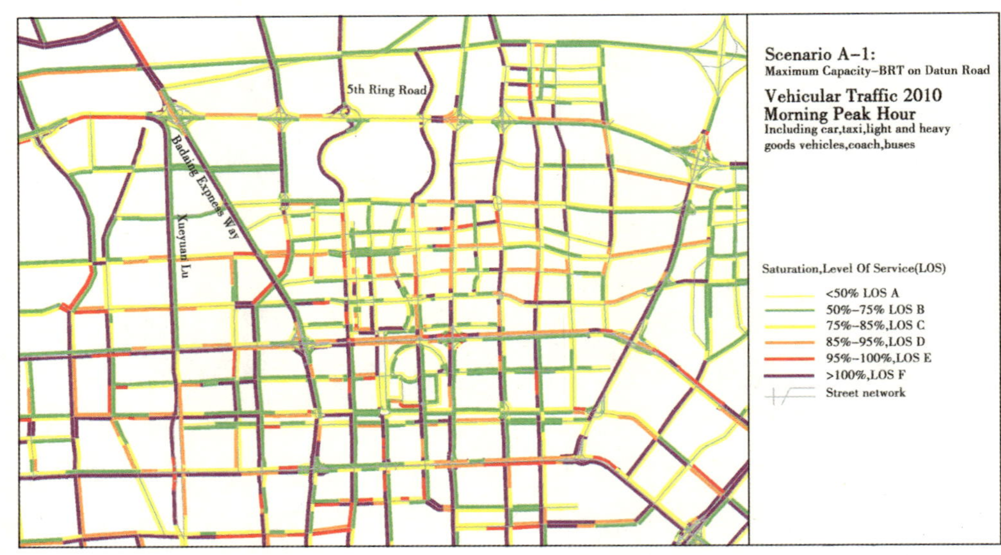

图3-23　推荐道路网方案早高峰V/C

•推荐道路网方案中，白庙村路与花园东路的连通明显缓解了八达岭高速公路的交通压力，也减轻了北辰西路所承担的中心区过境交通的压力。

•推荐道路网方案通过对南北通道重新进行功能定位和规划，道路网的南北通道交通运行改善效果明显。八达岭高速路、北苑路、安立路的交通负荷比道路网方案“0”明显降低见图 3-24。

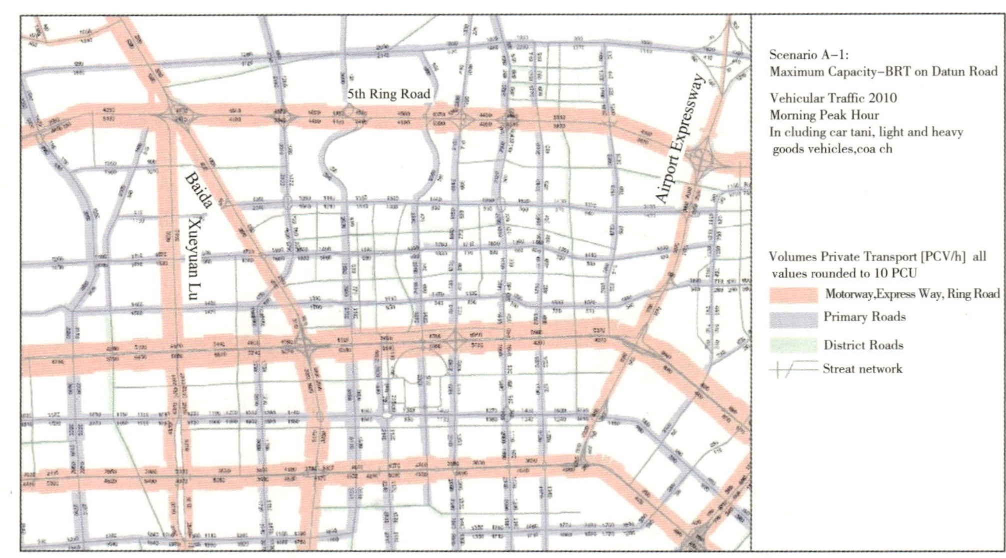

图3-24　推荐道路网方案早高峰流量

•推荐道路网方案中，南北通道的交通流的均衡性较好，便于实施道路交通控制管理。

（2）奥林匹克公园中心区道路网方案评价。

① 较好的解决了过境交通对园区内交通的干扰。道路网方案“1”中较好处理了主干路在奥运公园中的穿越。图 3-25 中显示了东西方向三条主干路承担的早高峰期间机动车的中心区的过境交通和出入境交通的分类。穿过园区的过境交通东西方向早高峰的交通量是进出园区的 2.9 倍。中心区路网的规划保证了东西方向干道大屯路、成府路在奥运公园中心区的穿越，其穿越采用隧道的方式，确保了穿越中心区的交通得以快速通过，同时减少了过境交通对中心区内交通的影响。

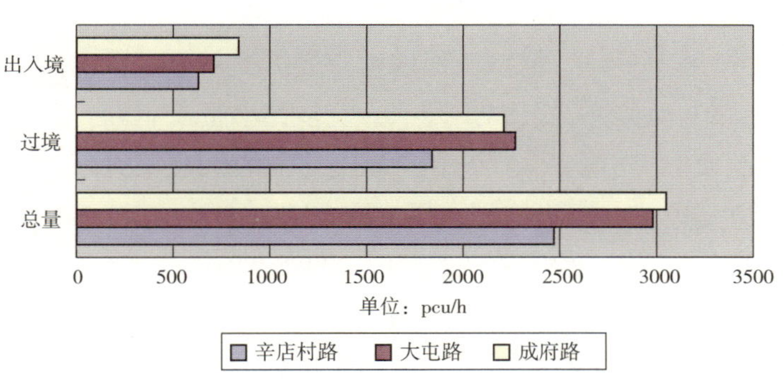

图3-25　东西向三条主干路承担交通量图

南北方向两条主干路北辰西路、北辰东路分布在中心区的两侧，北接五环路、南连四环路，承担了大量的通过中心区的过境交通。对中心区起到较好的屏蔽作用。

② 园区内各级道路根据其使用功能，规划布局较为合理。园区内部道路由次干路和支路构成，根据园区内各类性质的建筑进出和使用，进行了统一考虑和规划，道路网规划能够满足园区内各类交通的出行需求，道路网整体提供的服务能力和服务水平较好，同时，与园区的景观设计融为一体，成为中心区路网规划的一大特点。

③ 保障奥林匹克公园中心区对外联系的快捷性。充分利用周边的快速路系统，通过设置快速节点立交，加强了与快速系统的联系，为奥运中心区的快速进出提供了设施保证。

3.4.6　公共交通系统规划

在此次奥林匹克公园地区交通发展战略以公交为主导的战略原则指导下，为了满足各分方向公交的模式分担目标，公交规划在北京市原有轨道和公交网规划的基础上，提出了多个公交方案进行比选，提出推荐的公交规划方案。

3.4.6.1　公交规划方案设计思路

关于公共交通系统的发展方向，在奥林匹克公园交通发展战略研究中提出了以下几个主要方面：

• 本规划区的综合交通系统必须以公共交通为主导，提供人性化、国际化、多层次的公交服务系统；

• 必须考虑与基础设施规划相协调，尤其是道路规划；

• 为奥林匹克公园的赛时、赛后提供服务；

• 以公共交通分流北部过境交通。

公交规划应以“优先发展公共交通”战略为前提，建立以快速轨道交通为骨干网，以常规公共交通为主体，辅以其他客运交通方式的多层次的、符合公共交通发展战略目标的公共交通体系，公交走廊、公交线路、公交枢纽、公交车站和车辆类型按照功能划分层次形成功能级配合理的公共交通结构。此次方案设计的思路概述为：

• 建立以轨道交通、BRT 为骨干的快速公交网；

• 以公交专用道和大站快车线补充快速公交网；

• 以公交普线提高线网密度，承担中短途公交。

在战略规划的指导下，此次公共交通系统规划以提高公共交通分担比例为主要目标，着重提高公共交通的服务水平，以保证吸引更多客流，减轻对道路交通的压力。

由统计数字表明，2000 年规划区内的公共交通占交通总运量的 19%（其中包括自行车），对本区外的客运量占 26%。通过对各方向交通需求的分析，以及对道路最大潜力的分析，交通发展战略提出了各方向早高峰小时的公交分担比例的目标（图 3-19）。为了达到战略目标提出的公交出行比例，公共交通系统还需要进一步完善。

（1）过境交通。利用骨干公交网解决穿越规划区的过境客流运输问题，由于过境出行距离长，对快捷性方面的要求高，而且通过分析发现这部分需求量也很大，所以对这部分需求要提供快速、大容量的公共交通服务（如轨道、BRT）。也只有这样才能在与机动车的比较中体现出优势，吸引出行者选择公共交通方式，减少小汽车的使用，降低对道路交通的影响。

（2）奥林匹克公园规划区对外交通。对外交通可以分为两类，一类是中长距离出行；另外一类是与规划区毗邻区域之间短距离的出行。中长距离出行主要依靠快速、大容量的公共交通系统，而短距离出行主要依靠常规公交系统。

对于依赖快速、大容量公共交通系统的长距离出行，要解决好出行起终点和地铁、BRT 站点之间的接驳问题，这主要依靠常规公交网络布局及具体接驳站点的详细设计。

站点应该与大型客流集散点有很好的衔接。尤其考虑到奥运公园区域的功能，无论是举办体育赛事、音乐会还是会展等大型活动，其吸引力都很大，观众来源分布于全市，将有很多长距离出行，很多观众会选用地铁和 BRT 抵离奥运公园，所以更要做好轨道站点与奥运公园的衔接。

对于短距离出行，主要依靠覆盖范围广的常规公交网路。

（3）奥林匹克公园规划区内部交通。区内的公共交通出行主要依靠四通八达的常规公交网来解决。

3.4.6.2　奥运公园公交线网方案

本次公交规划根据分方向公交承担比、分方向需求以及如前所述的公交设计思路进行设计，并与本次规划的道路网规划协调，充分考虑道路条件，通过定性与定量分析提出四套公交规划方案。四个方案仅在骨干网上有区别，其他层次网络相同，具体方案的考虑如下。

（1）公交骨干网。方案 A–1 是基础公交方案，A–2，A–3，A–4 是 A–1 的派生方案。通过对 A–1 的评价，A–2 为了进一步强化四环路的分担能力，将方案 A–1 中的东西方向 BRT 更改为成府路 BRT。A–3 是为了进一步强化南北向公交竞争力，提前实施地铁 16 号和 8 号线。A–4 将方案 A–1 中的东西方向 BRT 更改为中一路地铁，强化对四环路的分流能力（图 3–26）。

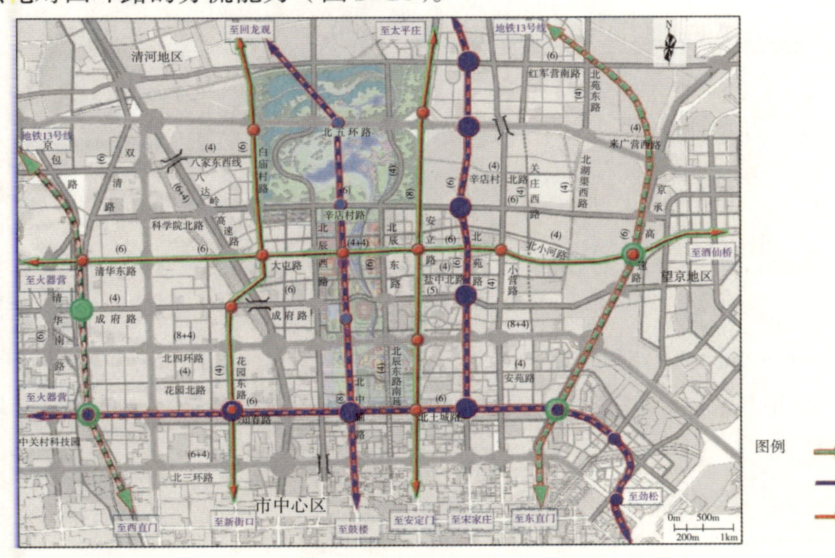

图3–26　方案A–1（B–1、C–1和C–2）公交方案

（2）公交快线网。公交快线包括公交专用车道和大站快车。在规划公交快线中，将公交需求与道路规划结合起来考虑，将公交快线分为使用公交专用道和大站快车两种。公交快线分布在主干路上，以大容量车型为主，能为乘客提供快速的服务。速度可到达 25 ～ 30km/h。

线路功能：能运送规划区内和区外的部分客流。

在规划选线过程中，既考虑道路高峰小时交通流量，又结合了道路条件：单向四车道以上，设置公交专用道。然而，考虑到最有效地利用道路资源，利用模型分析结果，在车流量大的道路上设置公交专用车道，其他道路上仅推荐使用大站快车。

车站要求：800 ～ 1000m 左右，靠近路口。

方案在南北方向规划了 5 条快线，东西方向规划了 6 条快线。快线总长为 121.9km，在规划区内的线网密度为 $2.03km/km^2$。快线方案如图 3-27 所示。

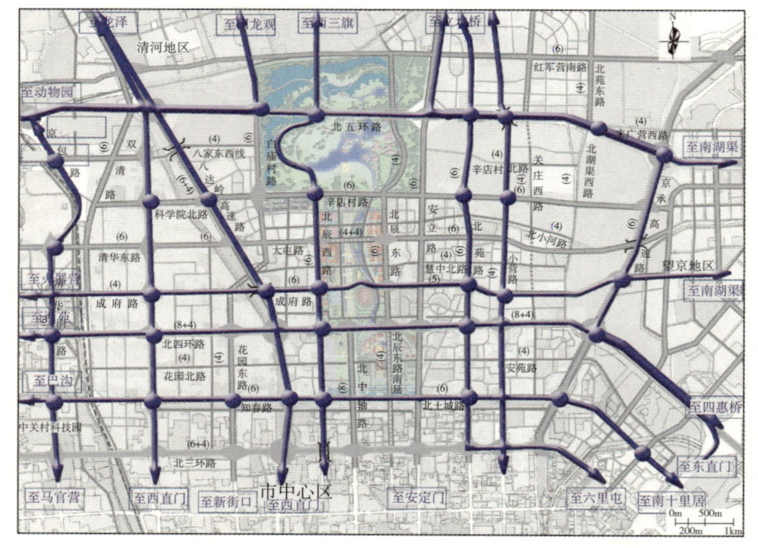

图例

图3-27　奥运公园地区公交快线规划方案示意图

（3）公交普线网。分布在规划区内次干路上，采用中等站距，与各个换乘点相联系，提供方便的换乘服务。

速度：20 ～ 25km/h。

线路功能：为规划区内轨道交通、BRT 和公交快线的联络线。为区内提供方便换乘，减少步行时间。

服务范围：规划区内和规划区外。

规划区内普线网见图 3-28。

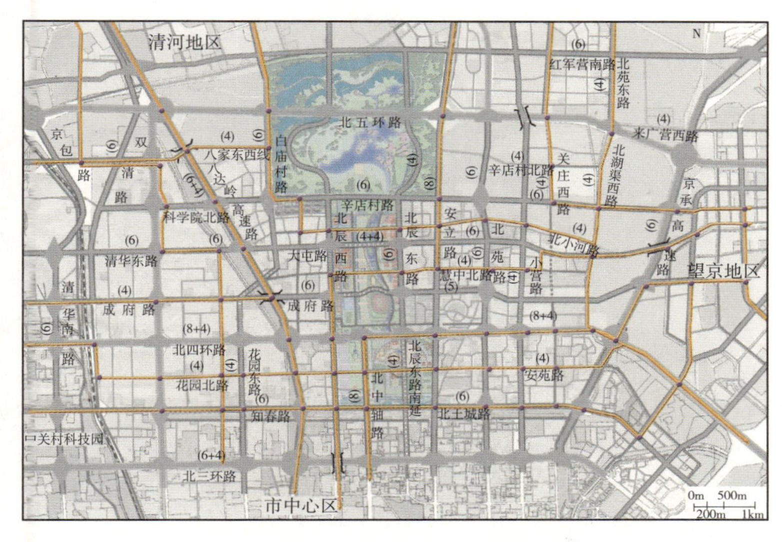

图3-28　奥运公园地区公交普线规划示意图

3.4.6.3　奥运公园公交线网测试

公交方案的比选是结合道路方案在战略方案评估过程中同时进行的。此外，方案比选还考虑到了需求管理政策方案。在此，主要对公交方案的服务水平进行比较。

（1）速度。根据各方案早高峰公交等时线图，与原规划进行比较，所有公交方案都明显地提高了公交运行速度，方案 A-3 最高图 3-29。

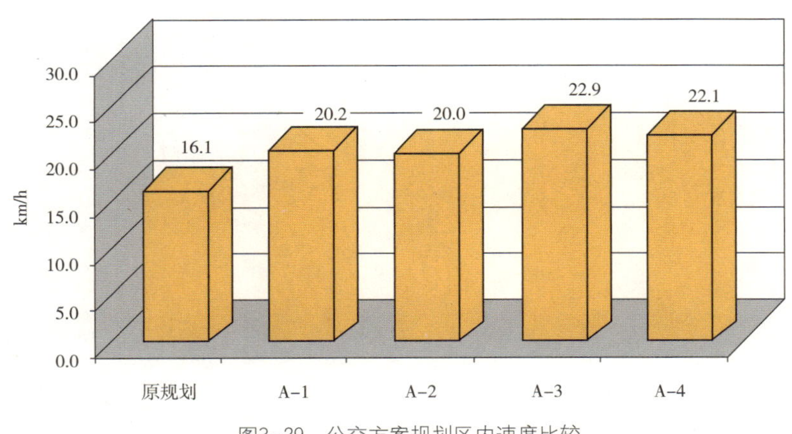

图3-29　公交方案规划区内速度比较

（2）减轻道路压力的有效性。具体指标见战略方案评价（3.4.4 节），在相同的道路规划条件下，A-3 方案对道路负荷改进的效果最好。

（3）北部战略。疏解北部过境交通的一大措施就是尽量由公交分担南北过境交通量。各方案均有改进，A-3 方案改进最为明显（图 3-30）。

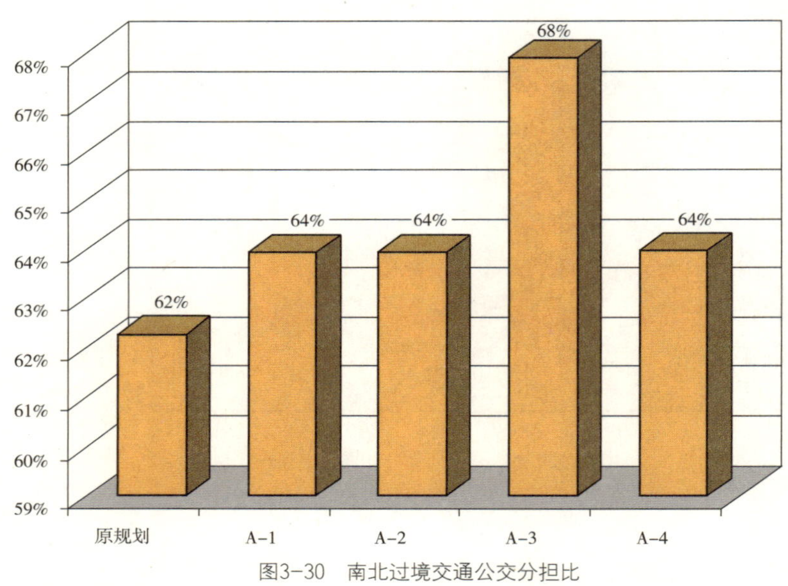

图3-30　南北过境交通公交分担比

（4）服务水平。提高线网密度和公交的覆盖率是本次公交规划的一个重要目标，规划后的公交骨干网密度与原规划比较见表 3-12。

表3-12　4个方案的线网密度与2000年比较

线网密度（km/km²）	2000年	A-1	A-2	A-3	A-4
BRT线网密度	0	0.43	0.43	0.27	0.27
地铁线网密度	0	0.51	0.51	0.68	0.68
公交快线	0.05	2.03	2.03	2.03	2.03
公交骨干网综合	0.05	2.97	2.97	2.98	2.98
平均线网密度	1.47	2.41	2.41	2.42	2.42
站点覆盖率（%）	64.5	73.4	73.9	71	74.8

（5）公交承担比。

本次规划提出了公交承担比的目标。各方案均达到了东、西方向的模式分担比目标。向南方向的分担比也显著提高如图 3-31 所示。

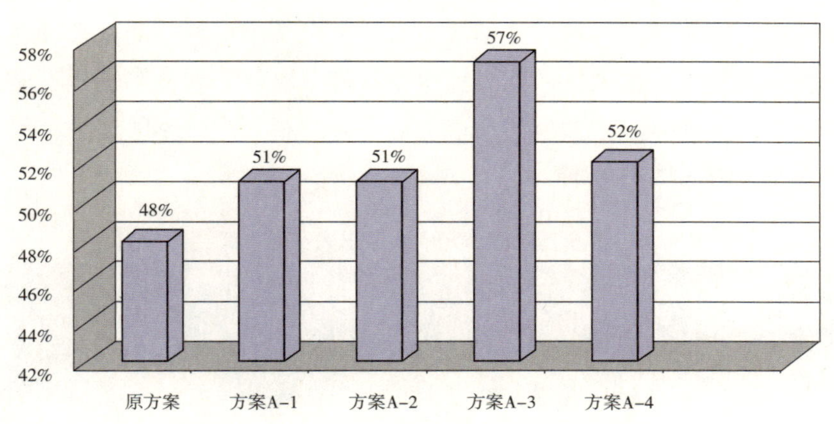

图3-31　公交各方案向南方向分担比

（6）投资。A-3 的投资要求比较高。具体投资估算见战略方案测试（3.4.4 节）。

（7）综合评价。根据战略规划的综合评价与方案比选，本次规划推荐公交方案 A-1 或 A-3。A-1 适用于所有道路和其他设施方案配合；A-3 的实施工程费用高。在不能实施任何需求管理方案的状况下，政府则需要在公交上强化投资，建议采用 A-3 方案。

3.4.7　奥运公园中心区步行系统规划要点

奥运公园中心区步行系统的规划既考虑了 2008 年奥运会的赛事活动需求，同时也充分考虑了奥运会后奥运公园各项设施功能转换后的出行需求。

步行系统规划的主要依据：依据园区在不同使用环境下的出行生成 / 吸引总量、出行方式构成、出行量的时空分布特征以及园区内各种设施进出口布置、公交场站与地铁出入口位置等客观条件。分别针对以下几种运行环境进行人流集散组织方案的设计和比选（事先需设定一个预期路网，包括步行系统的布局草案）。

园区四种可能的运行环境：

•日常无特殊活动；

•会展中心（奥运会期间的击剑馆、主新闻中心、国际广播中心）举办大型会展

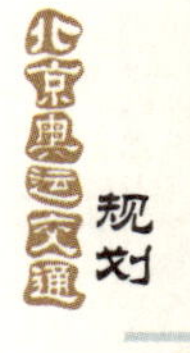

活动；

•主体育场举办赛事（并考虑与会展活动的组合情况）；

•奥运会期间竞赛场馆与非竞赛场馆同时举行大型活动。

四种不同的运行环境、出行生成/吸引总量不同，时空分布特征不同，出行方式构成也有很大差异。就出行方式构成而言，奥运会因有特殊的需求管理政策，小汽车出行受到极为严格的限制，除经奥组委特许车辆外，其他车辆是不能进入管控区的。奥运会后，针对一些大型活动也会适当限制私人小汽车的进出，预计集中情况下的出行方式构成见表3–13。

表3–13　非奥运阶段公园中心区出入交通方式结构预测

运行环境 \ 出行模式 / 分担率（%）	地铁	公交	小客车	出租汽车	大客车	自行车	其他
工作日	20	19	35	6	5	10	5
大型会议	9	8	40	15	25	0	3
大型展览	32	32	10	6	5	10	5
后奥运大型文体活动	38	25	10	10	5	10	2

园区内各组建筑设施出入口设计及其使用功能是决定人流集散组织方案的重要依据，而步行系统的布局又主要依据园区不同运行环境下的集散交通组织方案。因此，首先要把奥运会期间和非奥运会期间各类人群进出园区及在园区内的活动方向、路径作一个详细分析。图3–32和图3–33分别给出园区各组建筑出入口位置及人流主方向分布的示意图。

突发性高强度人流通常发生在大型活动（如奥运开闭幕式和大型会展活动）散场时。因此，要对疏散路线与流量分布尽可能作出可靠的分析预测（图3–34）。

人流疏散路线的安排取决于以下几个因素：

•场馆出入口位置；

•园区内道路系统布局；

•园区出入口位置及疏散能力；

•园区公共交通场站位置。

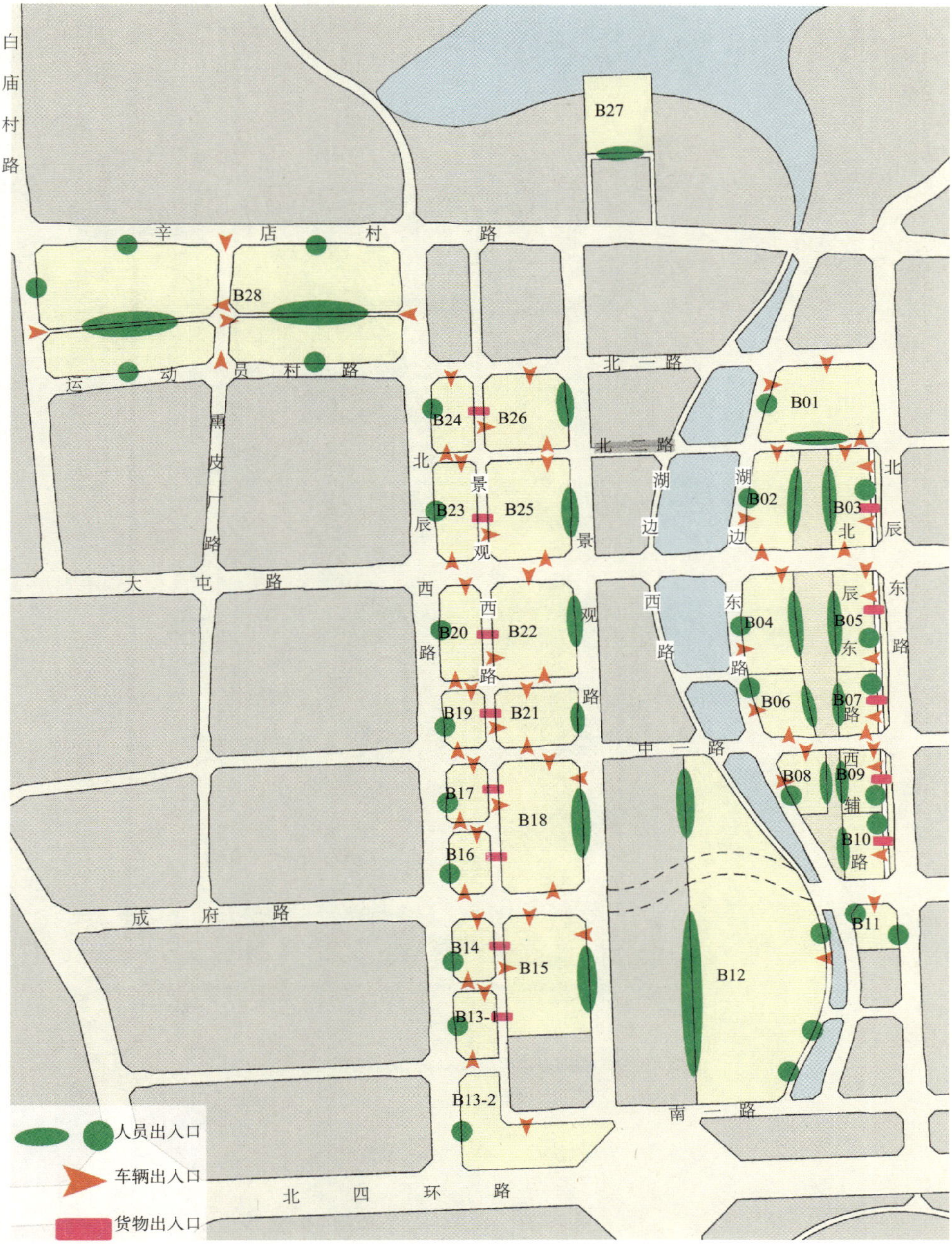

人员出入口
车辆出入口
货物出入口

图3-32　中心区建筑出入口布置图

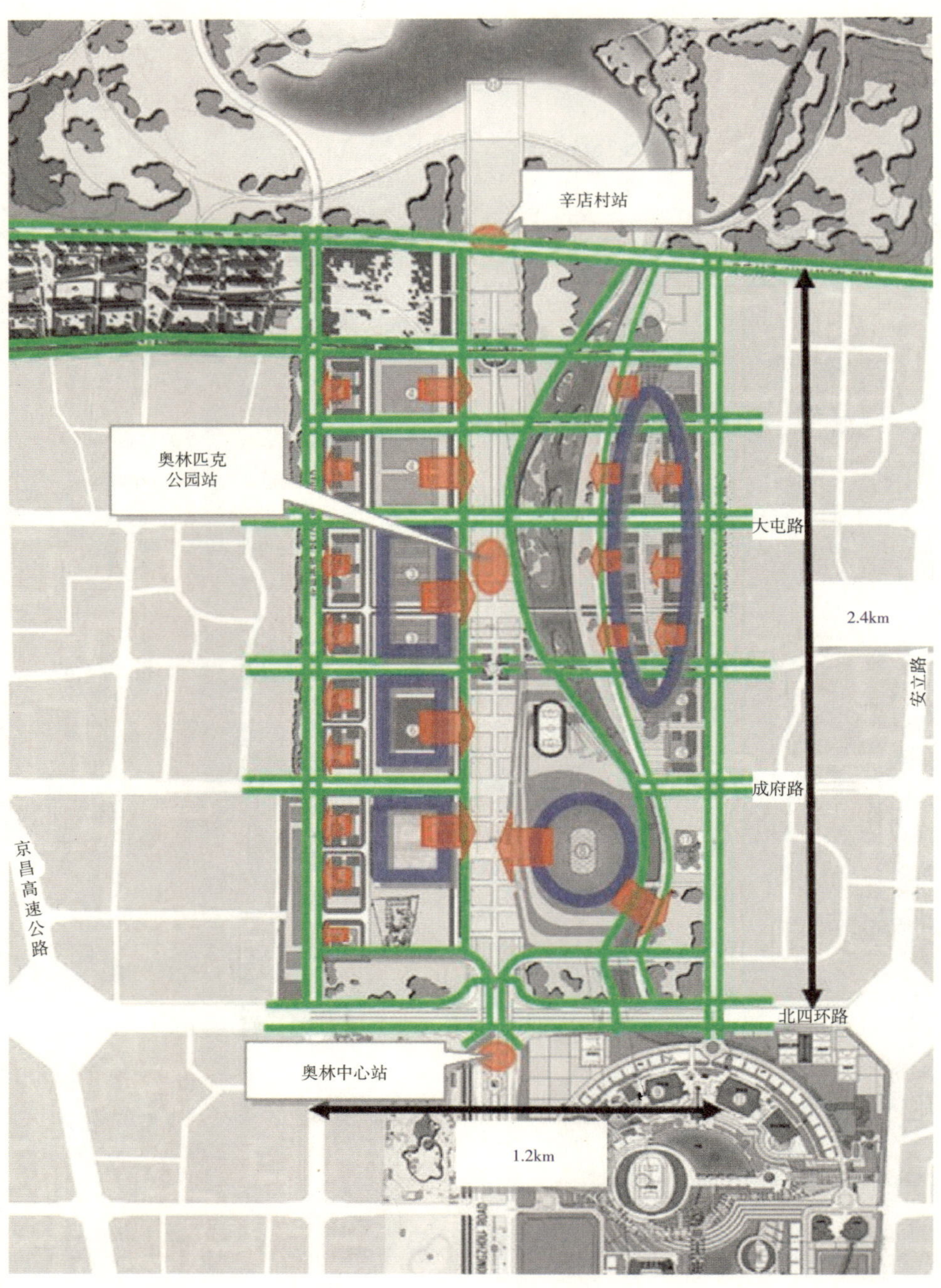

图3-33　中心区人流主方向布置图

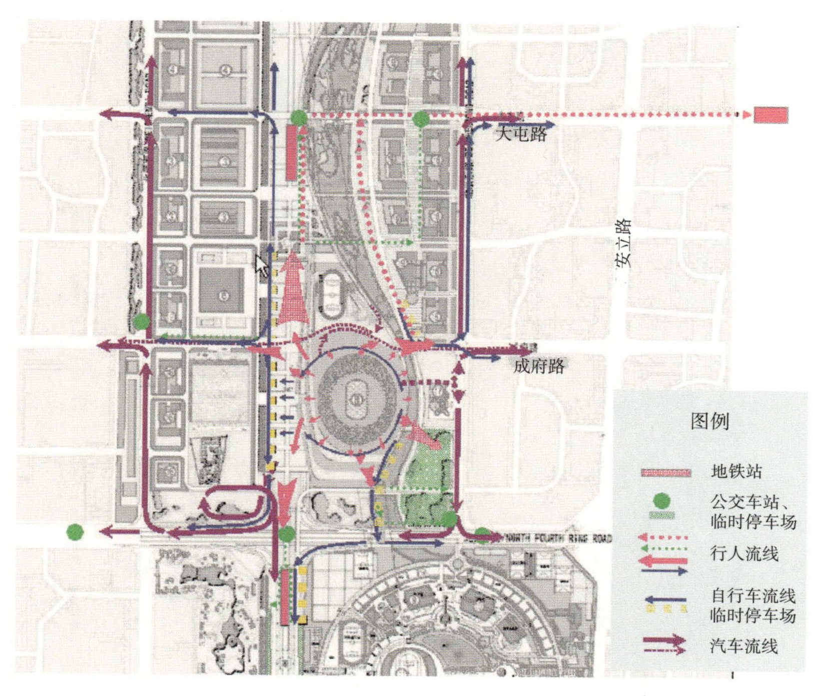

图3-34　国家体育场散场交通组织

疏散路线及疏导方案（人流组织引导）与园区道路系统及出入口、公共交通场站布局有着相互制约的关系。因此，在规划过程中，要经过多次交互反馈，反复修订和调整。

人行系统规划的主要内容包括：通道网络布局、缓冲空间（人流集散广场）的设置以及通过能力（空间尺度）设计。

在奥林匹克公园人行系统规划中，依照上述规划流程，对人流疏散高峰时段各主要出入口、通道及缓冲区（广场）的人流量作出预测。预测过程中设定几种可能的运行环境，分别进行高峰时段人流分析。例如：奥运会开幕式散场、奥运会期间园区内主要场馆同时举行赛事活动、奥运会后体育场馆及会展中心展事活动重叠等不同的运行环境。图 3-35 给出国家体育场散场高峰人流疏散量分布状况，表 3-14 则是奥运会后最不利的运行环境（会展与体育赛事活动重叠）下各主要通道的高峰小时人流量分布状况。

基于上述分析，按照最不利运行环境下人流疏散需求规划设计了奥林匹克公园中心区及外围相关区域范围内的步行系统。这个系统包括：沿城市道路设置的步道、人行专用道、步行广场（疏散缓冲区）及人行过街设施如图 3-36 所示。

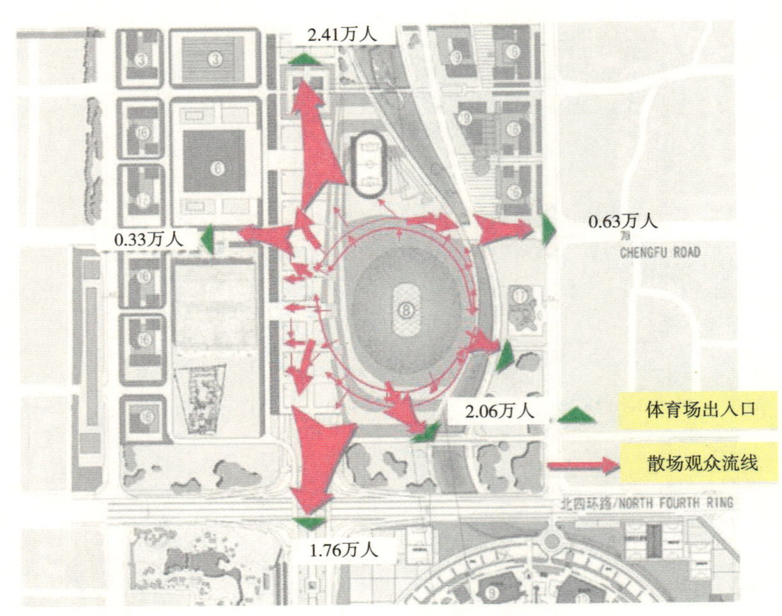

图3-35 散场人流方量分析

表3-14 各场馆大型赛事及大型展事同时举行高峰小时人流量

道路名称	高峰小时行人流量（人/h）	最大人流路段位置
辛店村路	709	薰皮厂路～北辰西路
运动员村路	684	薰皮厂路～北辰西路
白庙村路	350	辛店村～运动员村路
北辰西路	20441	中一路～南一路
北一路	319	北辰西路～景观西路
北二路	1352	湖边东路～北辰东路
B20与B19间道路	759	北辰西路～景观路
大屯路	6825	北辰西路～景观路
景观路	6924	中一路～城府路
中一路	19556	景观路～湖边东路
景观西路	10066	大屯路～中一路
城府路	21988	北辰西路～景观路
北辰东路	18256	中一路～南一路
湖边东路	18760	中一路～大屯路
B16与B17间道路	4199	北辰西路～景观西路
B14与B13间道路	2200	北辰西路～景观西路
南一路	11444	景观广场～湖边东路

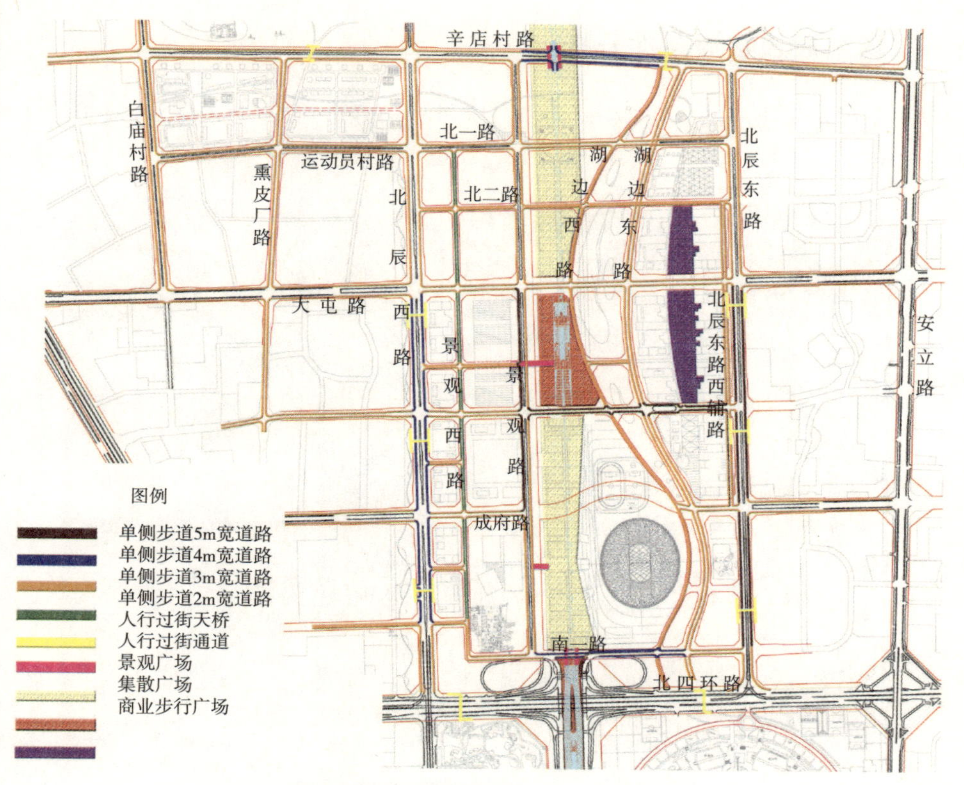

图3-36 奥林匹克公园中心区人行系统

如图 3-36 所示，人行广场由两部分组成：沿中轴线位置的 2700m × 200m 景观广场和沿两座地铁车站周边设置的人流集散广场。景观广场被地铁站分隔为两个部分，在园区最不利的运行环境下（人流疏散量最大的情况），广场的南区实际上将承担缓冲空间的功能，可承担 2.09 万人 /10min 的人流集散量。

3.5 场馆交通设施规划实例——五棵松场馆群[1]

五棵松场馆群是五棵松体育馆和五棵松棒球场组成的场馆群，场馆群位于北京市区西部，复兴路（西长安街延长线）以北，西四环路以东，西翠路以西。

五棵松体育馆为新建项目，主要承办 2008 年奥运会期间篮球比赛。赛后将作为文化体育设施，是满足北京市西部社区居民商业、文化、体育、休闲需要的重要场所。

五棵松棒球场为两个场地，总座席数 15000，其中主赛场座席数 12000，另一赛场座席数为 3000，主要承办 2008 年奥运会期间棒球比赛。

[1] 本节的主要内容及图表引自北京交通发展研究中心编制的《第29届奥运会比赛场馆周边交通设施规划》。

3.5.1 场馆周边交通条件分析

（1）道路系统状况。五棵松场馆群周边道路情况如图 3-37 所示。道路具体情况见表 3-15。

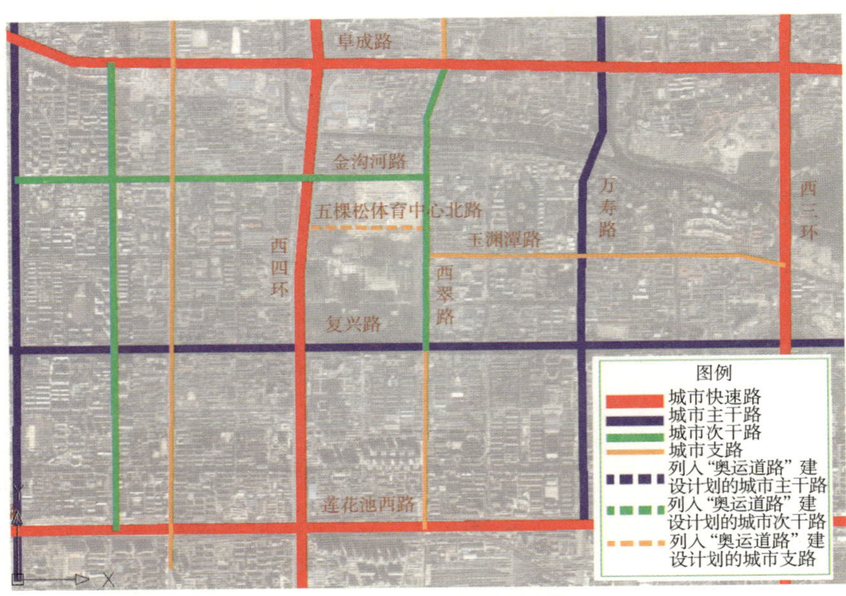

图3-37　五棵松场馆群周边道路情况图

表3-15　五棵松场馆群周边道路情况表

序号	道路名称	横断面	机动车道数	非机动车道（m）	规划道路等级	备 注
1	西四环路	四块板	主路双向8车道（辅路3车道）	2.5	快速路	
2	复兴路	三块板	双向6车道	6.5	主干路	
3	西翠路	三块板	双向4车道	6	次干道	
4	金沟河路				次干道	区属道路
5	体育中心北路				支路	奥运道路
6	玉渊潭南路	一块板	混行		次干路	
7	万寿路	一块板	3	2.5	主干道	
8	太平路	一块板	2	2.5	次干道	
9	永定路	一块板	2	3	次干道	

（2）公交设施状况。五棵松场馆群周边公交站点及线路状况见图 3–38 及表 3–16。

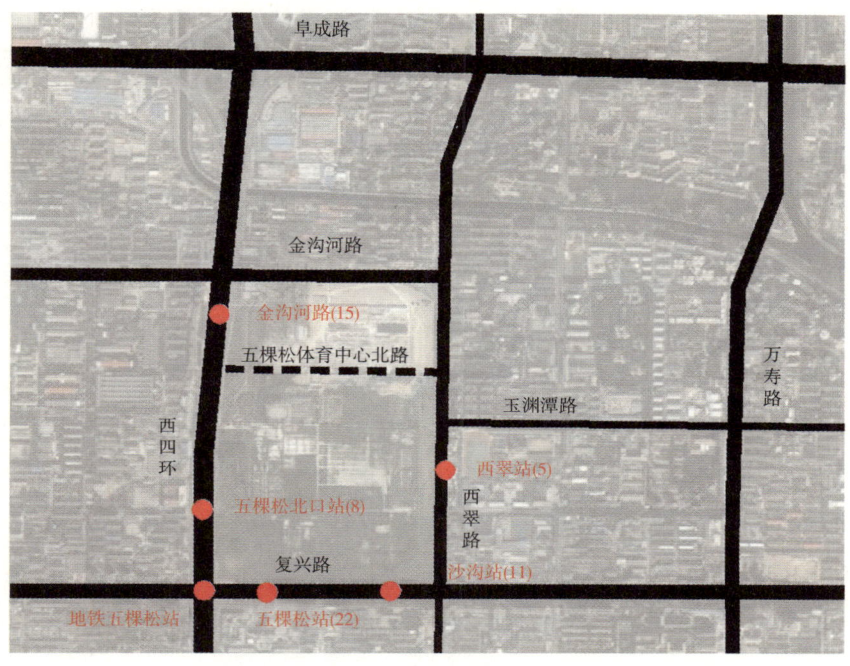

图3–38　五棵松场馆群周边公交站点及线路状况图

表3–16　五棵松场馆群周边公交站点及线路表

序号	道路名称	站点名称	公交线路数	具体公交线路
1	西四环路（15）	金沟河站	15	982、946、840、751、983、913、740、996、905、759、967、804、748、运通115、小1路
2		五棵松北口站	8	748、804、751、996、982、759、905、983
3	复兴路（22）	五棵松站	22	212、370、373、337、711、747、740、840、946、982、620、728、624、728、817、748、804、831、905、967、373支、605支
4		沙沟站	11	212、337、620、28、817、373、609、624、711、747、605支
5	西翠路（5）	西翠站	5	849、609、981、111、游4路

五棵松场馆群周边公交比较发达，公交线路主要集中在复兴路和西四环路上，公交线路共计 29 条，平峰小时断面运力为 22290 人 /h，其中东行公交线路 13 条，小时断面运力 6180 人 /h，西行公交线路 10 条，小时断面运力 5540 人 /h，南行公交线路 17 条，小时断面运力 5490 人 /h，北行公交线路 16 条，小时断面运力 5080 人 /h。地铁 1 号线五棵松站在场馆附近，高峰地铁单向运力约为 2.7 万 人 / h 。

（3）行人过街及无障碍设施。五棵松场馆群周边行人过街设施见图 3-39。

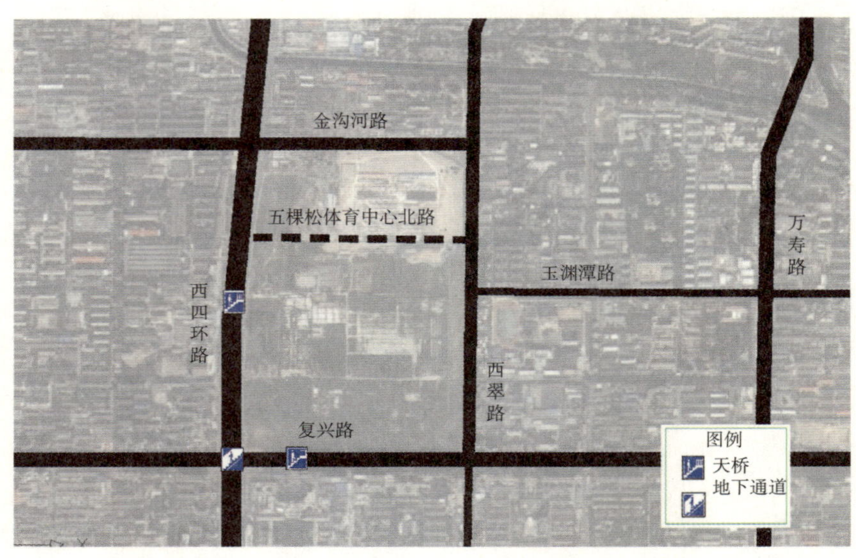

图3-39　五棵松场馆群周边过街设施图

五棵松场馆群周边行人过街设施主要集中在复兴路和西四环路上，共有行人过街设施 3 处，其中复兴路上有行人过街天桥 1 座和地铁通道 1 座，西四环路上有行人过街天桥 1 座。场馆周边主要道路都有盲道，但无障碍坡道有待于进一步完善。

3.5.2　需求分析

按照奥组委提供的赛程《北京奥运会单元竞赛日程 2.05 版》，在奥运会期间五棵松场馆群每天都有比赛，共有 29 个竞赛单元。其中竞赛单元最多的为奥运会第 5 天、第 6 天、第 7 天、第 8 天、第 9 天、第 10 天和第 14 天，每天有 3 个竞赛单元。

五棵松场馆群 16 天比赛日观众总人数约为 64.6 万，日观众人流量最大的为第 5 天至第 8 天、第 10 天，其日观众总数约为 5.37 万人。日观众人流量分布见图 3-40。

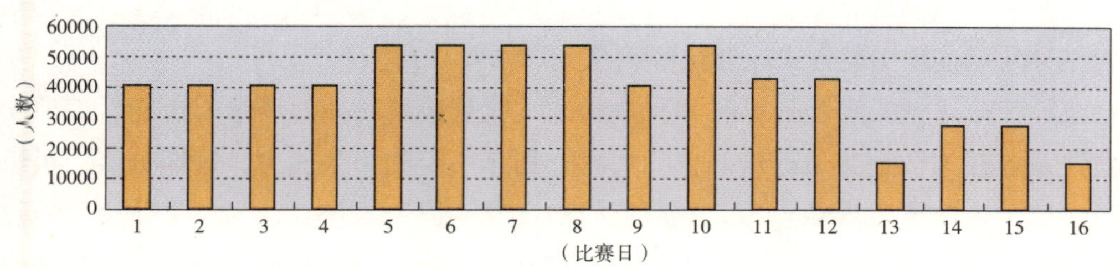

图3-40　五棵松场馆群比赛日观众人流量分布图

各比赛日高峰小时观众人流量是场馆交通设施需求的重要依据。五棵松场馆群16天比赛日高峰小时观众人流量总量为22.4万，平均为1.4万，超过1.4万的有6天；高峰小时观众人流量最大的为第11～16天，其高峰小时观众人流量为1.47万人；高峰小时观众人流量最小的为第1～4天和第9天，其高峰小时观众人流量为1.32万人。比赛日高峰小时观众人流量分布如图3-41所示。

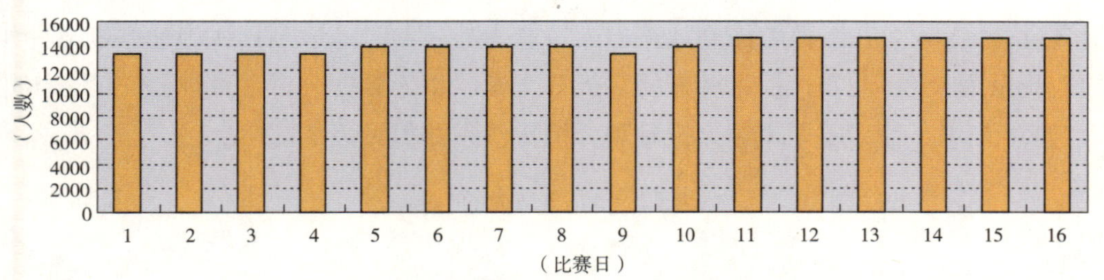

图3-41　五棵松场馆群各比赛日高峰小时观众人流量分布图

选取高峰小时观众人流量最大的比赛日，对其进行分时段观众人流量分布预测。以第12天为例，其分时段观众人流分布如图3-42所示。

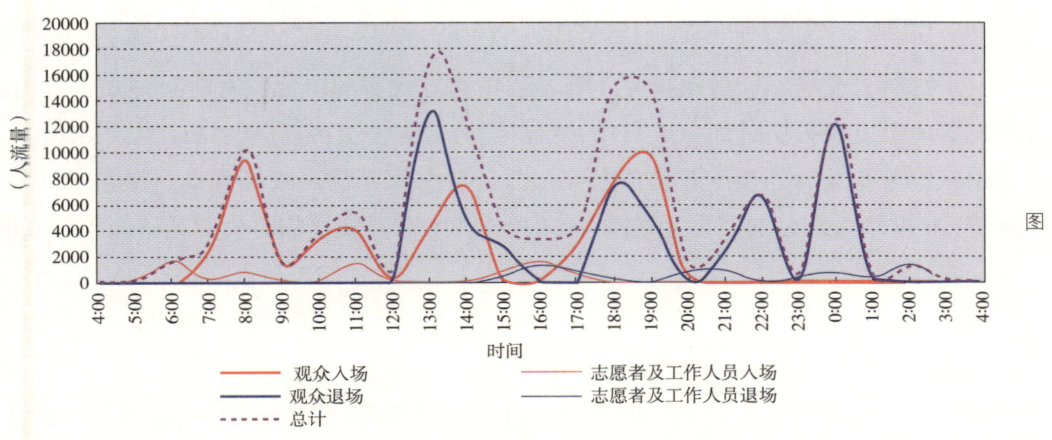

图3-42　高峰日分时段观众人流量分布图

按照需求预测的结果，五棵松场馆群高峰时段观众退场人数可能达到1.47万，需要充分利用各种交通方式疏散这些观众。

在各种交通方式中，最可靠和有效的方式就是公共交通。场馆周边的常规公交和地铁系统在为社会交通提供服务的同时，还有一定的富余能力，这部分能力可以在赛时用于疏散奥运观众。考虑到系统的稳定性和服务水平，认为如果公交或地铁的满载率尚未达到80%就有能力为奥运交通服务。在进行计算时，将线路的满载率与80%的差值部分用于分担观众。五棵松场馆群周边公交线路平峰满载率为46%，公交运能的34%可用于疏散观众；晚高峰时段地铁运能的22%可用于疏散观众，22:00以后地铁运能的52%可用于疏散观众。表3–17是根据晚高峰时段公交、地铁满载率进行测算的。22:00以后大多数公交已经停运，对于此类特殊情况将做进一步研究。

根据晚高峰时的地铁满载率和能用于观众分担的高峰地铁运能，地铁的观众分担量可达8240人/h。但考虑到地铁出入口能力的限制，经过测算认为地铁能够分担的人流量为5980人/h，根据调查的常规公交满载率等数据分析，常规公交的分担量为7580人/h。各交通方式的分担量和分担比例预测值见表3–17。

表3–17　模式分担量预测

交通方式	地 铁	常规公交	公交专线	其 他
分担量	5980	7580	0	1160
分担比例	41%	51%	0%	8%

3.5.3　场站设施安排

（1）临时公交场站。根据单元竞赛日程中篮球比赛的单元竞赛时间可知，有15天的比赛中会出现散场时刻为24:00的情况，届时常规公交可能已经结束当天的运营，除去地铁的分担量，需要安排常规公交以外的公共汽车满足夜场观众疏散需求。根据测算，临时增加的公交需要运送观众6870人次，需要安排临时公交场站面积为0.8万m^2。

（2）自行车停放区。按自行车分担量为5%估算，需要安排至少700m^2自行车停放区。

（3）出租汽车停靠点设置。按照观众进、退场流线，结合周边道路资源，出租汽车停靠点设置在西翠路南口及复兴路道路两侧。

3.5.4 交通设施及交通组织方案

根据对五棵松场馆群周边交通条件的分析，该场馆周边的交通设施方案如图3-43所示。

图3-43 五棵松场馆群周边设施需求图

五棵松场馆群交通组织方案如图3-44。

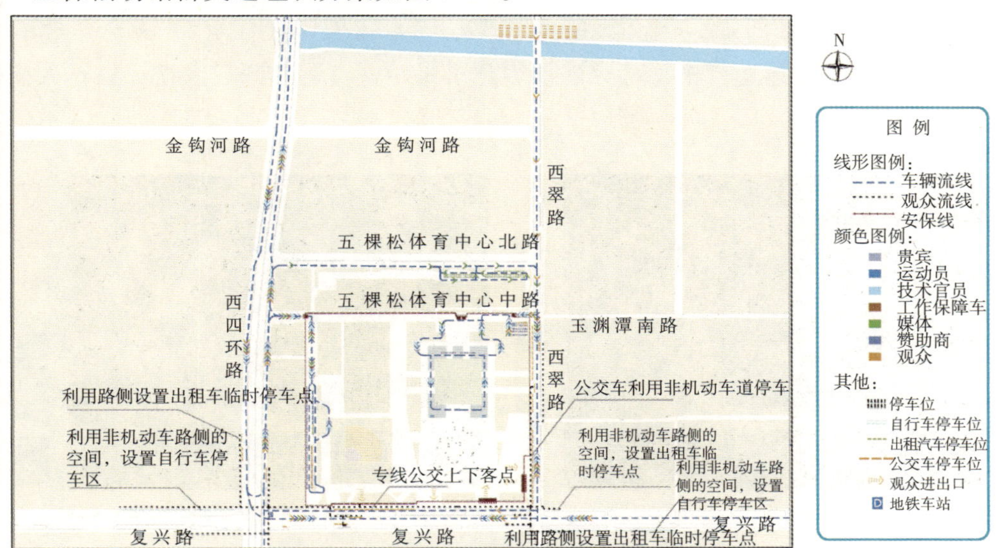

图3-44 五棵松场馆群交通组织方案图

3.5.5 仿真评价

针对五棵松场馆区的内、外部交通条件，进行散场行人交通行为分析及主场地空间布局方案、座位设计及组织方案决策，分析假设条件为三个场馆同时散场时的最不利情形。以场馆平面图及外围交通设施初步规划方案为基础，重点考虑内部交通组织和管理，兼顾内外之间不同方式交通的衔接、匹配。

构建了三组仿真模型，主要针对场馆座位安排（场馆出口）、行人疏散交通组织、场馆布局三方面的可选方案进行了类比分析，以期通过仿真结果对比各方案的差异，为最终的场馆建设及赛时行人疏散组织提供决策依据。

通过对最初观众组织方案进行仿真，发现存在以下问题：

（1）地铁五棵松站东北口在入退场重叠时段进出流量太大，存在安全隐患。

（2）入场时五棵松场馆南侧安检口人流集中，而东侧安检口观众较少。

为此，提出了以下调整意见：

（1）建议地铁五棵松站东北口高峰时段单向组织，只进不出。

（2）建议将上下站台设置在南侧安检口外的辅路上的 4 条公交专线中的 2 条迁至东侧安检口外的辅路，以减轻南侧安检口的压力。

（3）建议入场高峰时段，引导观众在玉泉路地铁站下车，步行至东侧安检口入场，缓解五棵松地铁站及南侧安检口的压力。

采取上述措施后，可以有效缓解五棵松场馆入退场高峰时段局部人流密度过大及两个安检口流量不平衡的问题，原始方案与优化后方案仿真效果对比情况如图 3–45 所示。

在实际场馆交通运行中，部分建议得到了采纳，奥运期间五棵松场馆行人交通组织井然有序。

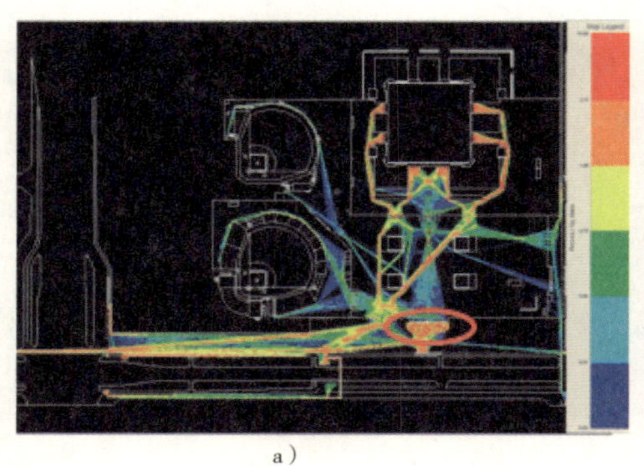

a）

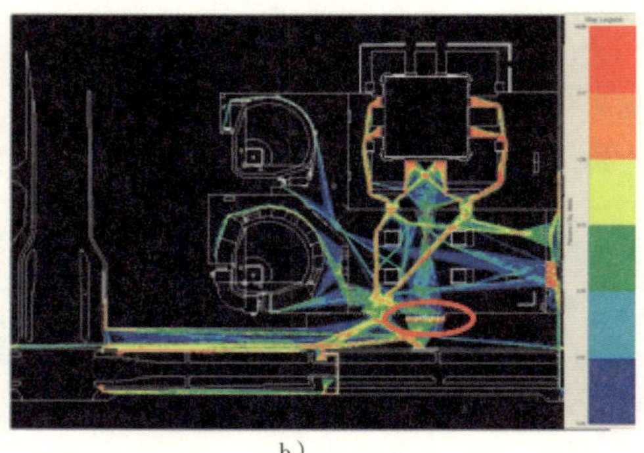

b）

图3–45 北京奥运会五棵松篮球馆行人仿真研究

a）行人组织原方案；b）优化后行人组织方案

3.6 部分场馆交通规划的共性问题及解决方案

奥运比赛场馆各有特点，在进行规划时要因地制宜，具体情况具体分析。奥运公园以外的诸多场馆（如地铁周边的场馆、大学区的场馆以及远郊区县的场馆）具有比较显著的共性特点，在规划过程中可以针对这些特点运用相似的规划方法。

3.6.1 地铁周边的场馆

对于大型活动来说，观众的疏散是交通组织工作中的重要方面，如果场馆周边能有足够的公共交通设施，尤其是拥有地铁车站，对于观众交通疏散是非常有利的。

如果场馆周边拥有地铁车站，观众更倾向于使用地铁，根据奥运会期间对临近地铁车站的场馆进行调查的结果，奥运公园地区和工人体育场观众对地铁的使用比例都在 30% 以上，五棵松场馆观众使用地铁的比例高达 60% 左右。

在对地铁周边场馆进行交通规划时，需要考虑的问题是：如何更好的发挥出地铁的运力，如何保障地铁的运营安全，以及做好相应的交通组织和引导措施。

如果有可能应在早期制订单元竞赛日程时统筹考虑赛事安排，使其与城市背景交通高峰时间错开。当然，大多数情况下，出于转播等要求，竞赛日程安排难于单方面按举办城市的要求制订，这就要求在交通组织方面做更多的考虑。

地铁的运营安全是首要考虑的问题。在人流汇集的情况下，地铁最容易出现问题的地方就是站台和楼梯。如果站台滞留过多的乘客，有可能会产生踩踏等危及人民生命安全的事件。所以有必要对地铁车站内的人数进行控制，如果车站内的人数超过警戒线（一般按照人流密度来核算，即每平方米可接受最大容纳人数。不同国家、地区或民族受行人可以接受的空间范围不同的影响，这一标准会有所差异，如北京的标准为 6 人 /m^2，而伦敦的标准为 3.5 人 /m^2），应该在车站入口采取限流等措施，控制进入地铁站的人流量。在入场、散场等人流集聚的时间段，最好采取出入口单向交通管理。

此外，应该设计好场馆与地铁车站之间的交通流线，一般来说，这个流线是人流最为密集的路线，也是安全隐患最大的流线。需要强调的是，这条路线的长度并非越短越好，而是需要有一定的距离，以调节人流状态，使之更为平稳，并留有足够的安全缓冲空间。在该路线上清理路障、改善坡道，做好引导措施。

3.6.2 大学区的场馆

大学区比赛场馆有一些共性的特征，就是场馆位于大学校园内，奥运会期间举办奥运赛事，赛后为学生和社会公众提供服务。相对于比赛场馆来说，校园的范围大得多，可利用的空间资源也非常丰富，为奥运会交通组织提供了很好的基础。

从交通设施的角度来说，大学校园内可以提供很多空间给专车客户群作为停车场。由于奥运会举办期间正值大学放假，各个高校比较常用的做法是将学校的体育场拿出来作为临时停车场，满足停车需求，实现了闲置资源的充分利用。此外，校园还可以容许观众自行车停在校园内，给观众提供方便。部分学校为保障赛时运输任务的公交车提供了停车的空间，更大程度保障了赛事交通运营。

从交通组织的角度来说，一般大学校园都有多个校门，可根据交通组织要求，将各种客户群的交通路线安排在适合的校门，以做到交通流线在空间上的分离。

3.6.3 远郊区县的场馆

远郊区县奥运场馆的特征是距离市中心区比较远，周边公共交通设施不发达，常规运力不足。

在进行远郊区县场馆交通规划时需要考虑的重点问题是，如何提供足够的运力，以保障观众顺利抵离场馆。远郊区县场馆周边道路压力不是特别大，可以考虑在距离场馆一定范围以外容许机动车停车，并安排接驳巴士连接停车场与场馆。

4 交通运行规划

交通运行规划是奥运交通规划体系的两大核心之一，它以需求分析和给定的交通基础设施条件为依据，运用现代交通运行组织管理手段，对各类不同的需求作出运输组织安排，包括:运输方式、运力配置、交通路线安排，并通过方案的综合测试，对交通设施规划与需求管理规划等相关规划提出调整修订的最终要求，达到城市交通安全、快速、便捷、可靠、高效等目标。

鉴于交通运行规划和交通设施规划之间的相互依存和相互制约关系，自奥运会筹办阶段至奥运会开幕，需要不断地调整和完善交通运行规划，其重要性随赛期的临近愈渐突出。临近奥运会开幕，城市交通基础设施条件已经基本稳定，交通运行和服务保障则主要依靠城市交通运行组织规划的实施。

在奥运会筹备阶段编制了多项交通运行规划，包括奥运期间城市交通运行规划（包含公交、地铁、出租汽车、城市货运等运行规划）、奥运场馆交通运行规划（包含奥运会、残奥会开闭幕式交通运行规划）和其他与赛事相关的交通专项规划，如奥运专用道规划、奥运公交专线规划、出租汽车运营规划等。

考虑本丛书之六《北京奥运交通运行》对奥运期间城市交通运行方案、场馆交通运行方案、开闭幕式运行方案有详细介绍，本章仅阐述交通运行规划的策略原则，简要介绍奥运场馆交通运行规划的主要内容和原则，重点介绍奥运专用道规划、奥运公交专线规划和出租汽车奥运赛时运营组织规划。

4.1 交通运行规划的策略原则

（1）在保障赛事交通服务的前提下，最大限度地减少对城市日常出行的影响。实现这一策略主要通过以调整出行方式结构及时空分布为主要手段的“一揽子”需求管理方案来解决。

（2）提供赛事专用的交通服务系统：为同时兼顾城市日常运转和奥运赛事活动两种需求，建立相对独立的赛事交通专用服务系统是非常必要的。首先，在城市既有路网条件下，在赛事活动频繁的区域建立奥运专用道系统，为赛事交通提供专有路权保障。其次，按照奥组委的要求，主办城市按照 T1 ~ T4 交通服务标准提供相对应的交通服务系统。为 T1、T2 提供专用车服务系统，为 T3 提供预约车服务系统，为 T4 提供班车系统。T5 主要依靠城市公共交通系统。

（3）调整城市公共交通服务网络，根据赛事需求增辟临时运营线路。根据测算，奥运会期间，比赛高峰日城市公共交通客运需求可能增加 465 万人次，公共交通系统需要做好相应准备。根据地面公交、轨道交通和出租汽车系统的能力及潜力，预计各方式可分担的交通量分别为：地面公交承担 280 万人次，轨道交通分担 110 万人次，出租汽车分担 75 万人次。奥运期间，将采取增加发车频率，开通轨道新线等措施提高城市公共交通能力，应对需求管理政策带来的挑战；此外，规划奥运公交专线，场馆周边加开区间车，部署夜间衔接公交线路，解决观赛观众集散问题。

（4）以场馆和奥运大家庭成员驻地为中心，建立属地管理为主的“交通场站”运行模式。为保障赛事交通正常运行，在奥组委交通部和赛事交通服务分中心领导下，组建 7 个交通运行场站，全面负责赛会期间各场馆和驻地之间的交通运行。在此基础上，制订各场馆交通运行规划实施方案。

（5）编制特殊事件交通运行计划。针对奥运会残奥会开闭幕式，编制包括贵宾、演职人员、仪式人员、运动员、媒体人员、赞助商、观众、工作人员在内的各群体人员的集结疏散方案，制订场馆周边交通管制方案及公交、地铁的运力配置方案等。

4.2 场馆交通运行规划

场馆的交通运行规划是奥运会整体运行规划中的一项重要工作，其内容包括确定场馆交通运行组织构架及运行机制；制订运行与管制方案；根据安检口的种类、布局及要求设计各类特许车辆进出场馆的交通流线；规划停车上下客的位置，泊车位置及路线，观众抵离场馆的公共交通设施及运力布局，制订人流集散管理方案，布置交通标识等。

场馆交通运行方案编制的基本原则是：以交通基础设施规划与相关规划（赛事活动规划、安保规划、城市交通总体运行规划等）为依据，通过科学的运行组织手段，合理配置运输工具，制订运输组织方案，保障赛事交通与城市日常交通协调、和谐运行，达到安全、准点、可靠和便捷的交通服务标准要求。运行规划和主要技术措施包括："外围疏导、分层控制"、"针对不同群体，按优先等级分类组织管理"、"公交优先、兼顾个性化特殊服务需求"。此外，人流疏散及车流的流线组织均采取时空分离方式。

场馆交通运行采用"交通团队"运行组织构架和属地化管理机制。每个场馆均由属地政府负责组建交通运行团队，该团队由"场馆主任"领导下的"交通经理"全权负责。场馆交通运行团队接受奥运会运行指挥部下设的"交通运行中心"业务指导和统一调度指令。

4.3 奥运专用道规划[1]

4.3.1 规划目的及原则

奥运交通专用道系统是在奥运会期间，专为奥运会设置的，服务于奥运大家庭等各奥运客户群体交通，专供持证奥运车辆使用的道路系统。奥运专用道系统旨在为奥运大家庭成员提供安全、快速、便捷的交通服务，是确保所有奥运参与者在良好服务水平下到达和驶离奥运场馆，保证场馆交通的顺利运行，保障奥运会举办城市兑现申办承诺的重要举措。

奥林匹克专用道是各种奥林匹克大家庭交通服务方案制订、实施的基础，有效地设置专用道，能够最大限度地满足专用车辆的各类交通出行，并且最大限度地减少奥运交通对社会日常交通出行的负面影响。奥运专用道的规划有以下几项原则：

（1）按不同的优先级满足奥运大家庭不同用户的交通需求，确保其准时、安全、可靠；

（2）尽量减少对日常交通运行的影响；

[1] 本节的主要内容及图表引自柏诚工程咨询（北京）有限公司编制的《奥运专用道交通仿真评价报告》。

（3）奥运专用路线一般设置在快速路或主干道的内侧车道，并根据具体情况随时向社会开放。

本章通过描述专车交通特性，指出专车交通的空间和时间分布，以客观的服务水平为评价指标，形成有效的评价指标体系，并通过奥运专用道交通仿真系统模型，进行有效的方案测试，及时、有效的提出专用道设置和管理的调整建议，完善专用道规划方案，推进专用道施划方案的决策与实施。

4.3.2 专用道交通需求及特点

奥运专用道主要为奥运大家庭及赛事相关车辆提供服务。奥运大家庭各群体交通出行需求的预测涉及众多因素，根据各竞赛场馆为不同群体安排的座位、出入通道以及交通服务安排可以基本确定各场馆、各服务群体在奥运赛期各天、各时段的产生和吸引量。同时，由于这些群体在比赛以外的其他活动有相当的随机性，需要根据以往经验进行估算。

奥林匹克专用道的服务对象主要包括贵宾、技术官员、运动员（竞赛和观看）、媒体（新闻和广播）、赞助商、服务 / 后勤支持等客户群体。主要群体对奥运专用道的交通需求如下。

（1）贵宾。用户类型多样,包括国际奥委会、国家奥委会、运动联盟的代表,官员。奥林匹克大家庭公用车辆、国际奥委会的个人用车、国际联盟代表的个人用车和专用小面包车、国家奥委会的个人用车都可以使用奥运专用道。

服务的路线在各个时间阶段有所不同。赛前主要是从机场到酒店；比赛期间主要是来往于酒店和场馆之间;赛后主要是来往于酒店和机场之间;在参加典礼活动时，来往于酒店和典礼现场之间。

（2）技术官员。技术官员作为奥林匹克大家庭的一部分住在技术官员村和其他酒店里；在驻地和场馆之间需要专用的公共汽车服务和一些小汽车 / 面包车服务。

（3）运动员（竞赛和观看）。比赛运动员在交通系统中享有最高的优先权；在奥运村和所有场馆之间要有可靠的交通保障。根据各阶段的不同，运动员出行的需求会有所变化。赛前主要是机场到鉴定中心到奥运村、奥运村来往训练场馆；比赛期间主要是来往于奥运村和比赛、训练场馆，来往于奥运村和城市；赛后主要是来往于奥运村和机场。

（4）媒体（新闻和广播）。注册媒体使用奥运专用道的车辆类别包括媒体班车、租用的媒体小轿车、电子新闻采集车辆（ENG）、实况转播车（奥运林荫道）。媒体人员主要来往于驻地、场馆和新闻中心。

（5）赞助商。赞助商使用奥运专用道的需求主要是往来于场馆和酒店。

各客户群体的出行时间要求如下：自奥组委成立，通过多次磋商，至 2007 年 7 月国际奥委会交通协调委员会会议上专家最终确认了奥运大家庭各客户群到达、离开场馆时间分布，同时假设所有客户群都提前半小时从驻地出发，得到如表 4–1 所示的各类客户群从驻地出发和离开比赛场馆的时间要求。

表4–1　各客户群出行时间要求

客户群	交通分类	车型	到达	离开
贵宾	T1–T2	小车	赛前1 ~ 0h	赛后0 ~ 0.5h
	T3	小车	赛前1 ~ 0.5h	赛后0 ~ 0.5h
	NOC（含分配车辆和费率卡车辆）	小车	赛前2 ~ 1h	赛后0 ~ 0.5h
	IF（单项体联）分配车辆	小车	赛前2 ~ 1.5h	赛后0.5 ~ 1h
运动员	运动员班车（竞赛场馆）	大车	根据班车时刻表	
	观赛运动员班车（本项目）	大车	赛前1 ~ 0.5h	赛后0 ~ 0.5h
	观赛运动员（非本项目）	大车	赛前1 ~ 0.5h	赛后0 ~ 0.5h
技术官员	技术官员班车	大车	根据班车时刻表	
	技术官员工作车	小车	赛前2.5 ~ 2h	赛后2 ~ 2.5h
媒体	BOB工作车（ENG/SNG/RHB）	小车/专用车	赛前1.5 ~ 1h	赛后0.5 ~ 1h
	BOB自驾车	小车	赛前3.5 ~ 3h	赛后2 ~ 3h
	BOB综合区	小车	赛前3.5 ~ 3h	赛后2 ~ 3h
	BOB专用直达班车	大车	赛前3 ~ 2h	赛后1 ~ 2h
	IOPP	小车	赛前2 ~ 1h	赛后1 ~ 1.5h
	媒体班车	大车	根据班车时刻表	
	媒体自备车	小车	赛前3 ~ 0.5h	赛后0.5 ~ 3h
其他	场馆运行技术支持车辆	小车/专用车	赛前5 ~ 0h	赛后2.5 ~ 3.5h
	安保应急车辆	小车/专用车	赛前2 ~ 0h	赛后3 ~ 3.5h
	其他收费卡车辆	小车	赛前2 ~ 1h	赛后0.5 ~ 1.5h
	场馆团队	小车	赛前3.5 ~ 3h	赛后2 ~ 3h
	赞助商租赁班车	大车	赛前2 ~ 0.5h	赛后0.5 ~ 1h
	青年营	大车	赛前2 ~ 0.5h	赛后0.5 ~ 1h
	观察员	小车	赛前2 ~ 0.5h	赛后0.5 ~ 1h
	临时准入	小车	赛前1 ~ 0.5h	赛后0.5 ~ 1h

4.3.3 奥运专用道方案

根据各群体对奥运专用道的需求、场馆及主要酒店分布编制奥运专用道方案。

最终确定的奥林匹克专用道连接机场、奥林匹克大家庭饭店、竞赛场馆、训练场地、其他官方驻地以及其他奥运相关设施，全长286km。奥运专用道包括部分二环路、四环路、五环路、八达岭高速公路、机场高速路和京承高速路等。

奥林匹克专用车道设置在道路的最内侧车道，以五环路标志清晰标识，区分奥林匹克专用车道和其他车道。

奥运期间奥林匹克专用道的运行时间为每天24h。

专用道规划方案及相应的管理方法，受到奥运场馆建设、赛程调整、城市交通政策与管理措施等因素的影响，在奥运会筹备阶段经历了不断调整、完善的过程。

较早的奥运交通规划方案中，拟将北京奥运交通专用道以两条城市快速环路（除南四环路和南五环路）以及联络通道为基础，辅以机场高速公路和京石高速公路，构成一个环状的快速交通线路，包括专用道路、备用道路，形成“奥运交通环”。

2004年11月，有关部门形成围绕奥运比赛场馆、训练场馆为目的地，以四环路、二环路、北五环路和西五环路北段等主要快速路、主干道为常备路线的线路规划方案，此阶段为奥运专用道的“原形”方案阶段（图4–1）。

2005年12月，有关部门更新“第29届奥运会交通路线及场馆分布图”（图4–2），形成以二环路（东二环路及长安街以北路段）、四环路（京沈高速、丽泽路以北路段）、五环路（石景山路、朝阳北路以北路段）、长安街、北中轴路、北部放射线高速路及相关联络线为主体的奥运交通常备路线和训练路线规划方案。

2006年12月，根据奥运比赛场馆变化、训练场馆调整、合约酒店逐步确认，并结合专用道交通仿真测试，重点缓解北部联络线交通压力，对八达岭高速公路南段等专用道、东五环路等联络线路线进行了调整，形成奥运专用道方案（图4–3）。

2007年6月，形成奥运专用道设置方案草案，拟设置17条，全长276.41km。

草案初步确定了专用道的分阶段运行时间（奥运会比赛赛前时段为7:00~21:00；奥运会比赛期间为24h连续运转，即0:00~24:00）；奥运会结束至残奥会开始的转换期运行时段为7:00~19:00），并计划在2007年4 ~ 6月进行试验设置，2008年7月在路线上正式施划标线、设置标志。

2007年7月，对奥运专用道设置方案草案进行了调整，确定专用道272.91km，常备路线385.67km（图4–4）。

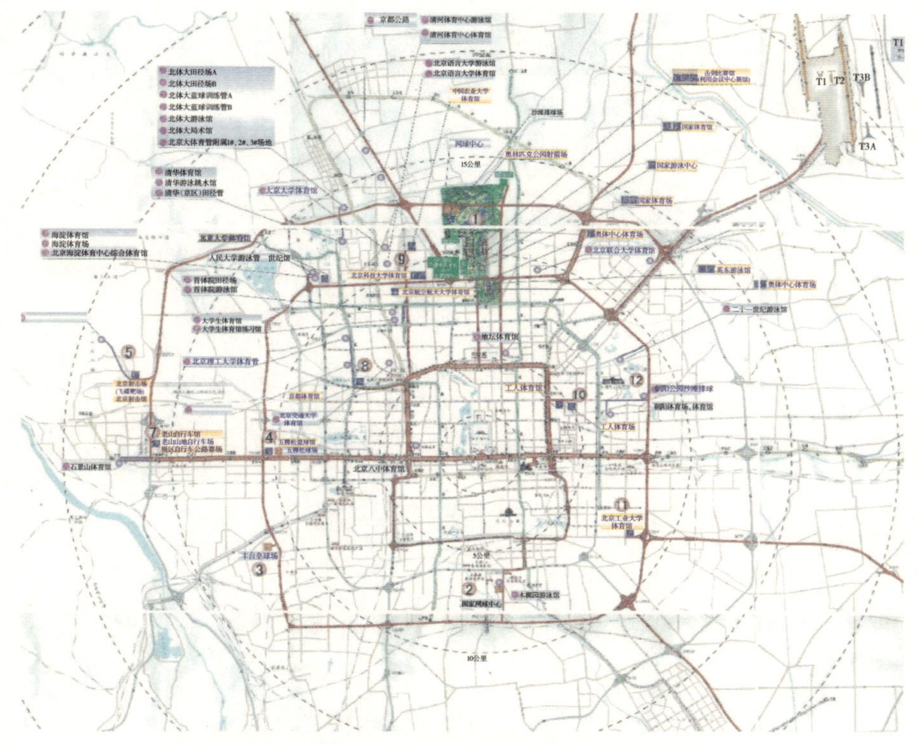

图4-1　奥运专用道规划“原形”方案（2004年11月）

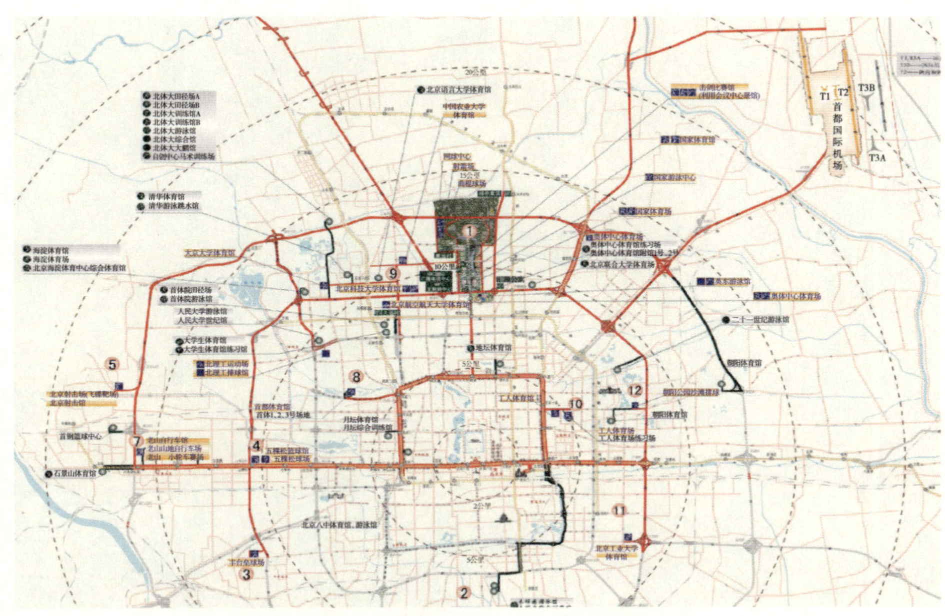

图4-2　奥运专用常备路线规划方案（2005年12月）

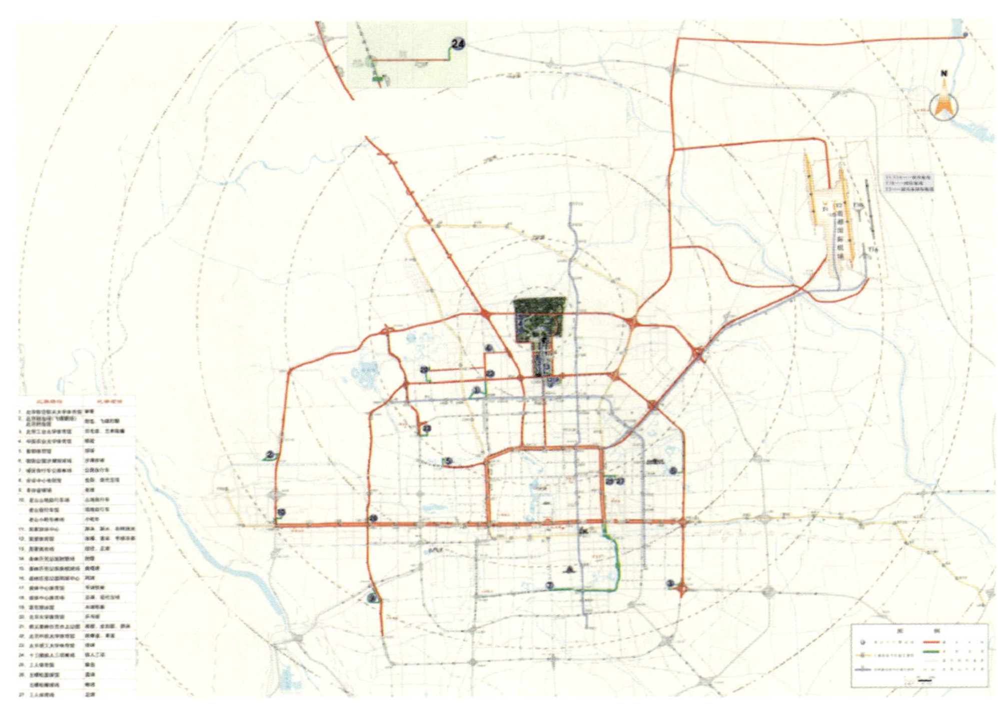

图4-3　奥运专用道规划方案（2006年12月）

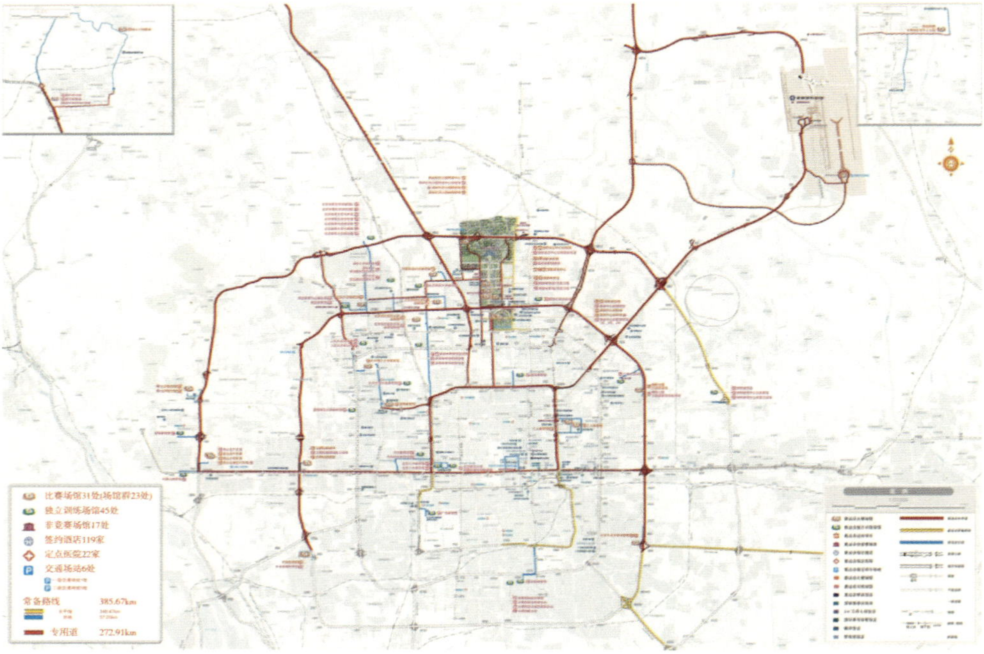

图4-4　奥运专用道规划方案（2007年7月）

2008 年 4 月，对前一版方案进行微调，将中关村南大街、工人体育场北路等奥运支线调整为奥运专用道，形成最终奥运专用道常备路线方案如图 4-5 所示。

图4-5　奥运专用道规划方案（2008年4月）

本版方案共设置专用道路线、延伸路线、连接路线三类，共 480.3km。其中：专用道路线 23 条，共设置 285.7km。具体路线是：

（1）由首都机场经首都机场高速路至东直门北桥（20.5km）；

（2）由首都机场经首都机场北线快速路至京承高速路北七家桥（13.6km）；

（3）由首都机场 3 号航站楼经李天路（机场南线）至京承高速路黄港桥（14.5km）；

（4）由五元桥经东五环路、北五环路、西五环路至八角桥（35.1km）；

（5）由四方桥经东四环路、北四环路、西四环路至丰北桥（41.5km）；

（6）由建国门桥经东二环路、北二环路、西二环路至复兴门桥（15.3km）；

（7）由四惠桥经京通快速路、建外大街、建内大街、复兴门内大街、复兴门外大街、复兴路至五棵松桥（18.4km）；

（8）由望和桥经京承高速路、白马路至水上公园东口（名称暂定）（40km）；

（9）由北二环路德胜门桥经德外大街、八达岭高速路至八达岭高速路 13C 出口（34km）；

（10）由八达岭高速路 13B 出口经昌平南环路、龙水路至东关环岛（4.1km）；

（11）由北五环路肖家河桥经万泉河路至苏州桥（6.2km）；

（12）由科荟路林萃路口经科荟路、学清路、学院路至学院桥（4.3km）；

（13）由大屯路北辰西路口经大屯路至小月河西路南口（1.8km）；

（14）由林萃桥经林萃路至林萃路南口（2.4km）；

（15）由安翔北路北辰西路口经安翔北路、志新路、成府路至成府路西口（7.1km）；

（16）由仰山桥经安立路至绿色家园北口（1.9km）；

（17）由北辰西路南延路南口经北辰西路至奥林西桥（6.6km）；

（18）由北辰东路南口经北辰东路至奥林东桥（2.1km）；

（19）民族园路（0.6km）；

（20）由钟楼北桥经鼓楼外大街、北辰路至北辰桥（3.8km）；

（21）由西直门桥经西外大街、中关村南大街至北理工东门路口（5.4km）

（22）由东四十条桥经工人体育场北路至新东路路口（1.6km）；

（23）由西直门桥经学院路至学院桥。（4.9km）。

延伸路线 10 条，共设置 101.4km，包括：

（1）由建国门桥经东二环路、南二环路至玉蜓桥（6.6km）；

（2）由仰山桥经安立路至小关路口（4.5km）；

（3）由北土城环岛经北土城西路至健德门桥（1.1km），由北土城东路小关路口经北土城东路至惠新西街北土城路路口（2.9km）；

（4）由科荟路北辰东路路口经科荟路至科荟路安立路口（0.7km）；

（5）由大屯路北辰东路路口经大屯路至大屯路安立路口（0.7km）；

（6）由慧中北路北辰东路路口经慧中北路至慧中北路安立路口（0.6km）；

（7）由复兴门桥经西二环路至广安门桥（2.3km）；

（8）由五元桥经东五环路至平房桥（8km）；

（9）由四方桥经京沈高速公路至 39.5km 处（39.5km）；

（10）由四方桥经东四环路至十八里店桥，由十八里店桥经京津塘高速公路至 34.5km 处（34.5km）。

连接路线 36 条，共设置 93.2km，具体路由略。

2008 年 7 月初，奥林匹克专用道的设置和管理信息对外公布。2008 年 7 月 20 日起，北京市交管部门根据奥林匹克大家庭成员抵离京，训练，比赛交通运行需求，分阶段启用奥林匹克专用车道。部分场馆赛后如没有后续活动，连接该场馆的奥林匹克专用道将被取消。9 月 20 日前，取消没有比赛的场馆附近“社会车辆禁止驶入”的限制。

根据《关于设置奥林匹克专用车道的通告》，如果专用车道上没有标注使用时段的，意味着全天 24 小时禁止除享有专用车道通行权的机动车以外的其他车辆行驶。如标注有使用时段，按标注时段禁行。

各个路段奥运专用车道的使用时间如下。

全天 24 小时禁行的专用车道：

（1）由首都机场经首都机场高速公路至东直门北桥（20.5km）；

（2）由首都机场经首都机场北线高速公路至京承高速公路北七家桥（13.6km）；

（3）由首都机场 3 号航站楼经李天路（机场南线）至京承高速公路黄港桥（14.5km）；

（4）由五元桥经东五环路、北五环路至上清桥；

（5）由西直门桥经学院路至学院桥（4.9km）；

（6）由建国门桥经东二环路、北二环路、西二环路至复兴门桥（15.3km）；

（7）由四惠桥经京通快速路、建外大街、建内大街、复兴门内大街、复兴门外大街、复兴路至五棵松桥（18.4km）；

（8）由望和桥至京承高速公路北七家桥；

（9）由北二环路德胜门桥经德外大街、八达岭高速公路至上清桥；

（10）由东四十条桥经工人体育场北路至新东路路口（1.6km）；

（11）由北五环路肖家河桥经万泉河路至苏州桥（6.2km）；

（12）由科荟路林萃路口经科荟路、学清路、学院路至学院桥（4.3km）；

（13）由大屯路北辰西路口经大屯路至小月河西路南口（1.8km）；

（14）由林萃桥经林萃路至林萃路南口（2.4km）；

（15）由安翔北路北辰西路口，经安翔北路、志新路、成府路，至成府路西口（7 1km）；

（16）由仰山桥经安立路至绿色家园北口（1.9km）；

（17）由北辰西路南延路南口经北辰西路至奥林西桥（6.6km）；

（18）由北辰东路南口经北辰东路至奥林东桥（2.1km）；

（19）民族园路（0.6km）；

（20）由钟楼北桥经鼓楼外大街、北辰路至北辰桥（3.8km）；

（21）由西直门桥经西外大街、中关村南大街至北理工东门路口（5.4km）。

分时段禁行的专用车道：

每日 6:00 ~ 24:00，东四环路四方桥经东四环路、北四环路、西四环路至丰北桥；

每日 6:00 ~ 23:00，上清桥经北五环路、西五环路至八角桥；每日 6:00 ~ 16:00，京承高速路北七家桥经白马南桥、白马路至顺义水上公园东口（出京方向）；

每日 8:00 ~ 22:00，顺义水上公园东口经白马路、白马南桥至京承高速路北七家桥（进京方向）；

每日 7:00 ~ 18:00，上清桥经八达岭高速公路至 13C 出口，八达岭高速公路 13B 出口经昌平南环路、龙水路至东关环岛。

4.3.4 奥运专用道交通仿真测试

4.3.4.1 评估目的

为了科学细致地分析奥运会期间所施划的奥林匹克专用道及其与场馆相连道路的运行状况，通过定性、定量相结合的方法比选几种不同的设置方案和管理策略的可行性，以期在保证奥运交通服务水平的前提下尽量减少对城市交通的影响。具体要求如下：

（1）检验奥林匹克专用道设置方案能否满足北京奥组委承诺的奥运大家庭各类成员的服务要求，是否为最优方案；

（2）检验在满足奥运交通服务要求的同时，能否尽可能减少对社会交通的影响；

（3）检验奥林匹克专用道的各个主要路段和节点的通行状况，并对其中容易拥堵的地方提出相应的改善建议；

（4）通过仿真，为奥林匹克专用道的交通组织和管理等具体方案措施提供理论依据和建议，同时为北京奥运会的交通组织和管理提供辅助决策。

4.3.4.2 方案评估基础依据

以上文所述各客户群体的出行需求及相应的车辆要求等作为交通仿真的基本输入条件。

4.3.4.3 奥林匹克专用道运行动态仿真模型

奥林匹克专用道交通仿真系统模型采用微观仿真软件模拟奥运专用道及其与场

馆相连道路的运行，这本身就是一项新的尝试。

为了能够方便调整系统模型，测试不同组织方案，验证不同交通需求情况下的运行状况，采用动态分配模块进行建模。

奥林匹克专用道交通仿真系统模型针对奥林匹克专用道上 T1~T4 车辆运行状况进行仿真测试，为各类奥运车辆运营管理提供依据。

通过行程时间、不同路段行驶车速、车辆延误等指标评价奥林匹克专用道连接的各比赛场馆间、奥运大家庭（T1~T4）驻地与活动地点之间的可达性，对奥林匹克专用道设置方案提供改进建议。

4.3.4.4 评估指标

通过建立奥林匹克专用道服务水平指标及标准、不同服务等级的服务指标阈值，来评价奥运交通组织及需求管理方案是否能保证奥运出行安全、可靠与快捷；同时，选择周边路网和关键节点负荷水平作为评价指标，用于评估不同的专用道设置方案对于城市日常交通的影响程度是否在可接受的限度内，从而可以从总体上评价奥运会期间奥林匹克专用道运行方案及配套措施的可行性，为进一步调整专用道设置方案提供依据。

奥林匹克专用道服务水平评价指标包括流量、饱和度、速度和出行时间。奥运专用道对周边路网及关键节点负荷水平影响评价主要是针对奥林匹克专用道起讫点及上下游路段、专用道相邻的平行干道以及专用道匝道进出口的负荷度变化幅度作出的。

（1）奥运专用道评价指标。

① 奥运专用道高峰小时负荷度。

指标定义：按照奥运赛时高峰小时的交通需求，分配到各奥运专用道上的负荷交通量与其通行能力之比。

评价标准：根据实际工程经验以及奥运专用道的服务标准要求，奥运专用道的负荷度应控制在 0.6 以内。对于超过服务水平标准的，要采取扩大专用道通行能力或减少该专用道的负荷交通量等方法进行调整。

② 奥运专用道的行程车速。

指标定义：车辆在奥运专用道上行驶的平均行程车速。

评价标准：根据 2000 年出版的美国道路通行能力手册（Highway Capacity Manual 2000），各等级城市道路的交通服务水平见表 4-2。

表4-2 各等级城市道路交通服务水平标准（HCM2000-15-3）

城市道路等级	I	II	III	IV
自由流车速范围（km/h）	70 ~ 90	55 ~ 70	50 ~ 55	40 ~ 55
平均自由流车速（km/h）	80	65	55	45
交通服务水平	平均行程车速（km/h）			
A	≥72	≥59	≥50	≥41
B	56 ~ 72	46 ~ 59	39 ~ 50	32 ~ 41
C	40 ~ 56	33 ~ 46	28 ~ 39	23 ~ 32
D	32 ~ 40	26 ~ 33	22 ~ 28	18 ~ 23
E	26 ~ 32	21 ~ 26	17 ~ 22	14 ~ 18
F	≤26	≤21	≤17	≤14

注：对于奥运专用道的服务水平的评价标准，在此基础上适当提高。

③ 奥运大家庭的行程出行时间。

指标定义：奥运大家庭驻地到各场馆，以及各场馆之间的行车时间。

评价标准：北京承诺“通过科学地调整交通需求的时空分布，合理地布置奥运场馆和奥运交通路线，保证高峰时间奥运专用线路的行车速度不低于60km/h，并使32个比赛场馆中，有44%的场馆在5min内到达，75%的场馆在20min内到达，所有场馆均能在30min内到达”。通过模型仿真得到的数据检验行程时间是否能够得到保障。

（2）奥运交通路网关键节点指标。在评价完奥运专用道和各场馆周边道路网以后，还需要对这些路网上的各节点进行评价和分析，包括与社会道路连接的各出入口以及为奥林匹克大家庭服务的奥运交通路网上的各平面信号交叉口，这些节点是最容易造成交通延误和拥堵的地方。对于奥运交通路网上的各节点，主要采用车辆平均延误时间等指标评价其服务水平。

指标定义：车辆在各节点平均总延误时间，包括车辆的初始减速延误，排队延误，停车延误和最终加速延误。

评价标准：根据2000年版的美国道路通行能力手册（Highway Capacity Manual 2000），确定平面信号交叉口的交通服务水平：A级——≤ 10s；B级——10 ~ 20s；C级——20 ~ 35s；D级——35 ~ 55s；E级——55 ~ 80s；F级——≥ 80s。奥运交通路网上各节点的服务水平的评价标准在此基础上适当的提高。

4.3.4.5 评估结果与应用

（1）对专用道设置方案的评估。利用奥林匹克专用道交通仿真系统对专用道运行情况进行测试分析，结果如图 4–6 所示。

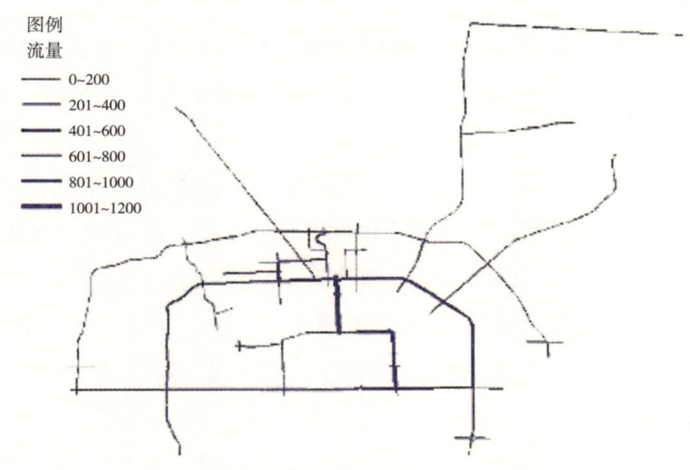

图4–6 初始方案奥运专用道流量分布图

初始方案中曾考虑在北中轴路设置奥林匹克专用道，通过仿真模型测试发现，中轴路背景交通量大，设置专用道之后其负荷度变化十分敏感，增幅明显高于其他路段，成为路网中的薄弱环节。该路段奥运交通压力较大，若考虑社会背景交通与奥运专用道交通的交织而造成的延误和冲突，该路段将有可能导致拥堵。

在专用道初始方案的基础上，增加了八达岭高速公路（北二环路—北四环路）。对初始方案与优化方案进行交通负荷度的对比，从图 4–7 可以看出效果明显改善。

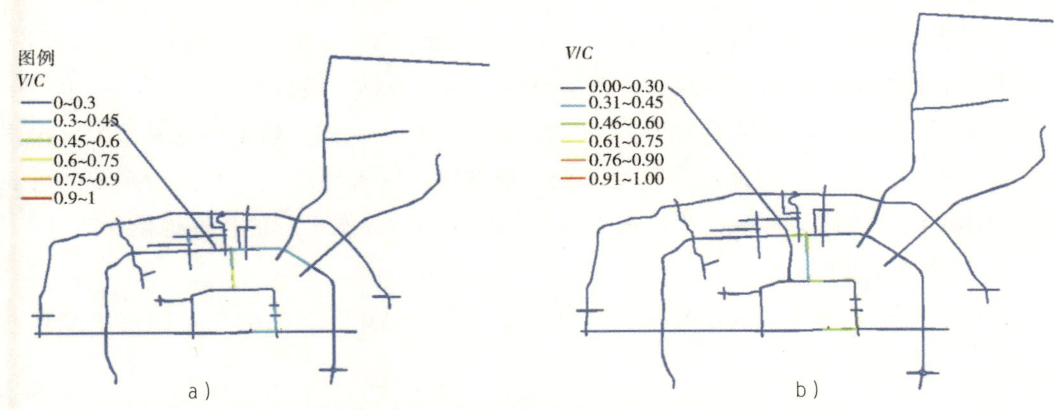

图4–7 不同方案奥运专用道饱和度图对比

a）初始方案；b）优化方案

鉴于专用道设置后，社会交通所受影响在可接受范围内，专用道本身除中轴路交通压力较大外，基本能满足通行要求，因此建议如下：

在初始方案的基础上，增加八达岭高速公路（北二环路—北四环路），以缓解中轴路的交通压力。

（2）对奥运专用道交通规划组织的评估和建议。应用奥林匹克专用道仿真模型，进行专用道饱和度、出行时间、专用道关键节点服务水平的测试。根据测试结果，提出优化建议如下：

① 由于奥运专用车道不直接引入各奥运场馆，往往奥运车辆在专用道上行驶畅通无阻，而到了场馆周边汇入社会路网时却延误较大，建议奥运赛时对各场馆周边道路实行交通疏导和管控，以保障奥运车辆的准点运行。

② 中轴路上的奥运专用车道交通流量较大，考虑贵宾客户群高标准的服务要求，建议对经过该路段的奥运交通进行适当分流，在不影响贵宾客户群服务要求的基础上，对部分贵宾采用绕行组织方案，以缓解中轴路过大的奥运交通压力。

③ 建议为北二环路与北四环路之间规划备选道路，有利于及时缓解中轴路的交通压力，保证奥运交通的服务水平。

4.4 奥运公交专线规划[1]

4.4.1 概述

4.4.1.1 背景

奥运会成功举办在很大程度上取决于能否提供可靠、安全、高效的交通运输服务，而维持公共交通系统的高效运行，则是奥运交通将面临的最大挑战。

为了积极应对严峻的交通形势，需要在2008年公交网、轨道网的基础上，根据奥运交通的需求，合理地规划奥运公交专线网络，以提高公共交通运输系统的可靠性和场馆的可达性为目标，为实现奥运会“有特色、高水平”的目标提供保障。

4.4.1.2 规划原则

按照“兑现承诺，满足要求，结合实际，节俭高效，赛后利用”的五项原则进行规划，具体包括：

[1] 本节主要内容及图表引自北京交通发展研究中心和北京公共交通研究所共同编制的《奥运专线公交网络规划及运营组织计划》。

兑现承诺：符合申奥时作出的承诺；

满足要求：满足主办城市合同中提出的要求；

结合实际：线路的布设要考虑到场站及道路条件；

节俭高效：充分利用既有设施（地铁、常规公交）的能力，提高资源利用效率；

赛后利用：考虑部分线路和设施的赛后利用。

4.4.1.3　奥运公交专线的服务对象

奥运公交专线是对城市常规公共交通和轨道交通系统的补充，奥运公交专线必须与常规公交、轨道交通相互配合，才能构建起完善的公共交通运输网络，为奥运交通保驾护航。

奥运公交专线的服务对象为：观看比赛的持票观众，工作人员及赛会志愿者，持奥运会身份证注册卡的人员。

进行奥运公交专线线网规划应该首先明确奥运公交专线的服务对象。在各类参与奥运相关活动的群体中（奥运大家庭成员、媒体、赞助商、观众、志愿者、工作人员），北京市为奥运大家庭成员、媒体和赞助商提供专用的交通运输服务系统，虽然奥运公交专线的规划要兼顾以上群体的出行需求，但由于这部分人员人数少，而且有专用的运输系统为之服务，所以专线的主要服务群体仍然是数量最大的观众、工作人员及赛会志愿者群体。

（1）观看比赛的持票观众。观众在比赛日持票前往比赛场馆，一般在开赛前一两个小时到达比赛场馆，比赛结束后离开场馆。对于有文化活动的场馆，交通特征会有所不同，观众可能更早到场，晚一些离场。

对于观众的空间特征，按照住处可以分为国外及外地观众，本地观众，远郊和附近城市的观众。

国外及外地观众：奥运会期间，将有大量外国，及国内其他省市的观众来到北京观看奥运比赛。这部分观众主要居住在宾馆、饭店，也有部分观众住在亲友的家里。住在宾馆和饭店的这部分观众的出行需求比较容易把握，可以通过各个交通区宾馆和饭店的容纳能力进行估算。

本地观众：北京市本地的观众是观看奥运会比赛的一个重要群体。这部分观众的需求比较分散，可通过交通区的人口和收入水平估算各区观看比赛观众的人数。

远郊和附近城市的观众：远郊和附近城市的观众可能会在比赛当天乘坐铁路、长途公共汽车或自己开车来到北京观看比赛。那么在火车站、汽车站和城市周边停车换乘停车场也应该有适量的公交接驳线路。

（2）工作人员及赛会志愿者。出于工作需要，工作人员及赛会志愿者一般到场早、离场晚，与观众的出行时间能够错开，但由于部分比赛在夜间进行，工作人员及赛会志愿者离场晚，需要格外关注夜间交通保障问题。

（3）持奥运会身份证注册卡的人员。上文提到，由于这部分人员参与奥运相关活动有专用的运输系统为之服务，所以对城市公共交通运输的需求主要是个人观光购物等出行需求，散住在宾馆的人员可以利用常规公交和轨道网络，对于集中居住的人员（如奥运村）可以考虑设置连接到城市中心区的专门公交服务。

4.4.1.4　主要研究内容

此项规划的主要研究内容包括：

（1）通过对奥运交通需求和公共交通运输能力的分析，明确既有交通设施与实现目标之间的差距以及需要加强的方向；

（2）提出适合奥运会特点和北京实际情况的奥运公交线网的布局模式；

（3）调整部分常规公交线路，充分利用既有公交资源，使之服务于奥运交通；

（4）在调整常规公交的基础上，根据布局模式布设奥运公交专线；

（5）根据专线汇集情况，规划奥运交通枢纽的布局、功能和规模；

（6）研究运营调度组织体制；

（7）根据各线路服务场馆的特点及线路的特点，编制运营计划；

（8）制订公交调度应急预案；

（9）评价方案的效果，根据评价结果优化调整方案，同时也为决策提供依据。

4.4.2　需求预测

需求预测是进行线网规划和编制运营组织计划的基础，其结果对方案的客观性、合理性起着关键作用。

需要预测以下主要内容：

（1）场馆观众人数预测；

（2）场馆群日观众人数预测；

（3）场馆群高峰日分时段观众人数预测；

（4）观众公交分担量预测；

（5）观众空间分布预测。

“场馆观众人数预测”以独立的比赛或竞赛单元为预测单位，对单个场馆、单场比赛的观众人数进行预测，是整个需求预测工作的基础。

“日观众人数预测”是对奥运会期间每日观众的总量进行预测。通过预测，可以了解各个场馆在奥运会期间每天观众人数的变化情况，也可以找出观众总量最大的比赛日，为线网规划提供参考。各个场馆区域日观众人数分布如图 4-8 所示。

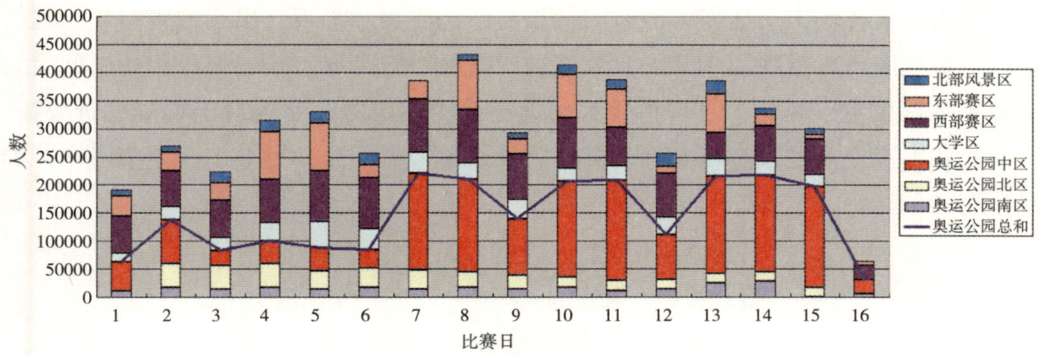

图4-8　观众需求量16天的分布图（按场馆区域分）

为了深入分析，给线路运力配备和编制运营计划奠定基础，还需要进一步分析每个时间段到达和离开场馆的人数,此规划对每一个场馆都进行了详细的分析。例如，图 4-9 显示了奥运公园中心区第 7 比赛日的观众流量按时间段分布情况。

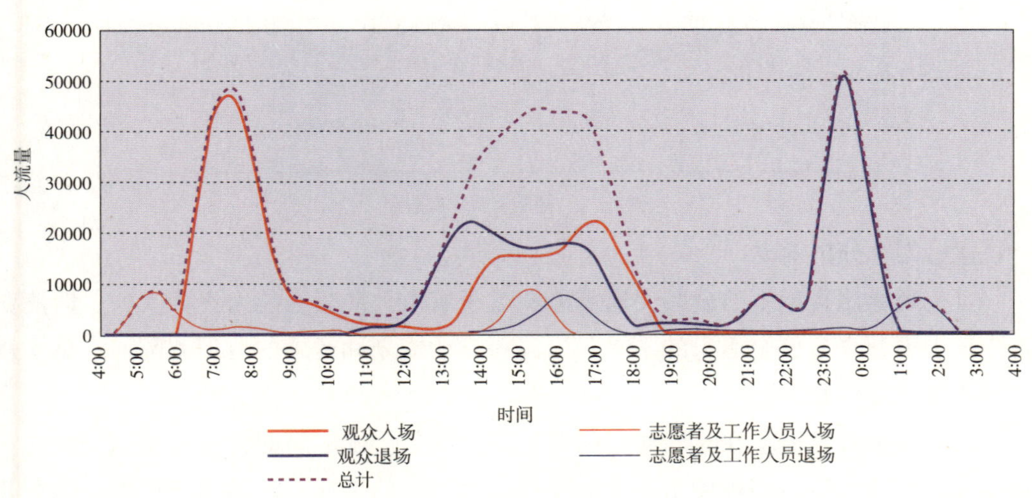

图4-9　奥运公园中心区第7日分时段观众人流量分布图

通过对入场、退场时间分布分析，发现奥运期间存在大量夜间散场出行需求和少量早场出行需求。按照赛程，21:00 ~ 22:00 散场的有 11 个场馆，22:00 ~ 23:00 散场的有 9 个场馆，23:00 ~ 24:00 散场的有 6 个场馆。晚间观众疏散时间最晚将延续到凌晨 1 点。工作人员和赛会志愿者的离场时间将更晚。此外，个别场馆最早的比赛将在 7:00 ~ 8:00 点开赛，工作人员的出行需要提前到 5:00 以前。另外，来自世界各国运动员在比赛之余也会有往来于城市文化娱乐区域的出行需求。夜间和早场运输将成为奥运公共交通组织的一个挑战。

在明确了各场馆交通需求的时间规律后，还需要了解观众出行的方向性，观众出行期望线图可以反映出观众的大致流向，对线路规划有直接的指导作用。此规划分别对从居民家、宾馆、工作单位、其他比赛场馆为源头的观众出行量进行分析，然后将各类观众的需求进行叠加，分析总体情况，得到总的观众出行期望线图，如图 4-10 所示。

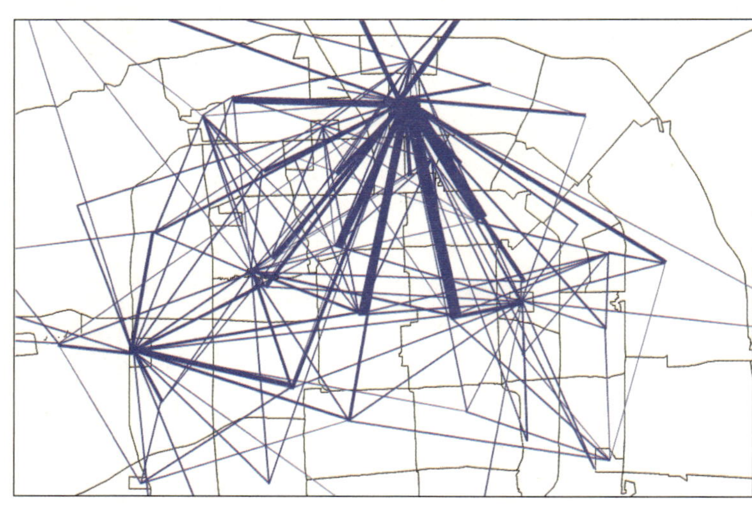

图4-10　总的出行期望线图

通过需求分析发现：

（1）观看比赛产生的公共交通需求相对于城市公共交通能力不算太大，即使在高峰日也不到全市公交运力的 10%。通过科学的规划和运力的合理调配，应该能够满足奥运赛时交通需求。

（2）由于观赛需求在时间和空间上的高度聚集，城市局部区域在比赛开始之前和散场之后的一段时间可能出现公共交通能力不足的情况。需要围绕场馆，结合客流主要走向调整公交运力。

（3）由于部分比赛结束较晚，夜间会产生散场出行需求。所以，夜间散场比赛的观众疏散问题是需要专门考虑的。

需求预测是整个规划编制的基础，鉴于本丛书之二《北京奥运交通需求》对需求预测有详细的论述，在此不再赘述。

4.4.3 奥运公交专线服务区分析

奥运公交专线服务区指奥运专线应该重点服务和连接的场所。

这项工作是通过分析，明确奥运公交专线应连接和覆盖的区域，以及服务区对奥运公交专线服务的需求。首先明确公交服务应该覆盖的范围：根据奥运公交专线的定位，专线主要服务于比赛场馆，建立场馆和枢纽之间的联系，所以专线服务区应该包括比赛场馆和枢纽，此外，如果线路能够兼顾非竞赛场馆，应尽量为其提供方便。其次，分析这些场所对公交服务的需求（是仅需要提供接入服务，还是需要公交系统具备快速疏散能力）。然后，具体分析各场所的客流量、供给条件和服务水平。最后，对于常规公交不能满足要求、需要增加奥运公交专线的场所，将其列入奥运专线服务区集合。奥运专线服务区决定了奥运公交专线车站的功能和规模，是下一步工作的前提和基础。

按照奥运公交专线服务区的类别分别对比赛场馆、非竞赛场馆、枢纽和其他重要地区进行分析。

4.4.3.1 比赛场馆

比赛场馆是奥运公交专线服务的重点，几乎所有的奥运专线都应该围绕比赛场馆布设。比赛场馆是人流集散的中心，尤其散场时瞬时客流很大，要求周边的公共交通具备一定的快速疏散能力。如果常规公交不具备这样的能力，就需要增加相应的奥运公交专线，以解决该问题。

北京奥运会在京的比赛场馆共 31 处，按照场馆之间的联系程度和距离，将其划分为 18 个场馆群（场馆的具体情况可参见本丛书之一《北京奥运交通总论》）。

4.4.3.2 非竞赛场馆

非竞赛场馆是工作人员和奥运大家庭成员活动的重要场所。虽然，大家庭成员在这些非竞赛场馆之间活动可以享受 T1 ~ T4 等级的运输服务，不过本着"兑现承诺"的原则，在奥运专线布设时，也充分考虑奥运大家庭成员出行的需求。比如，在奥运中心区和奥林匹克大家庭饭店之间布设 24h 服务的公共交通线路。

4.4.3.3 交通枢纽

根据奥运公交专线的功能定位，专线主要建立比赛场馆和交通枢纽之间的快速联系，以方便观众到达、离开比赛场馆。交通枢纽（尤其是比赛场馆周边交通枢纽）是专线连接的重点。

这里指的交通枢纽是广义的枢纽，不仅包括城市对外交通枢纽、城市大型换乘枢纽（如动物园公交枢纽），还包括重要的轨道交通站点，以及公交线路丰富、换乘方便的地点。

（1）对外交通枢纽。考虑到奥运专线主要服务于比赛场馆，而观看比赛的观众主要住在市内，所以与对外交通枢纽的联系不是重点。不过，随着铁路提速，周边城市与北京之间的距离缩短了，存在当日往返客流的可能，所以本研究仅对北京南站有所考虑。

北京南站：随着京津城际铁路的开通，北京与天津之间的出行时间缩短到半个小时，届时天津的观众可以在比赛当天通过北京南站抵离北京，观看奥运比赛。

（2）城市换乘枢纽。城市换乘枢纽主要有大型换乘枢纽、轨道交通站点以及公交线路丰富、换乘方便的地点。专线应该从奥运比赛场馆迅速将观众运送到附近的换乘枢纽，而这些换乘枢纽的公交线路应该覆盖更为广阔的区域。这里对可能连接的区域进行了分析。

① 大型换乘枢纽。大型换乘枢纽：大型换乘枢纽是公交线路聚集的地点，是换乘最为方便和公交覆盖范围最大的地区，在奥运专线的规划中应该首先考虑与这些枢纽的连接。奥运会之前能够投入运行、且方便为奥运使用的大型换乘枢纽主要有：一亩园、西直门、北京西站南广场、东直门。

一亩园：是城市西北部的重要公交枢纽，西北方向的公交线路大多于此汇集。可到达韩家川，永丰，上庄，康家沟，东北旺，史各庄等地区。

西直门：西直门可接驳地铁二号线、十三号线，以及大量的公共交通线路。连接西直门的线路可以覆盖西城区、宣武区、海淀区的大部分区域。

西客站南广场：随着西客站南广场公交枢纽的投入使用，西客站周围的部分公交线路会向枢纽汇集，届时，连接西客站南广场的公交线路将覆盖丰台区大部分区域（丰台西站，南五里店，菜户营，晓月苑，世界公园），并连接房山、大兴黄村等地区。

东直门：东直门可连接地铁二号线、城铁十三号线，而且是发往东北部四区（顺义、怀柔、密云、平谷）公交线路的起点站，除此之外还连接东城、朝阳的一些公交线路。

② 轨道交通站点及 BRT 站点。轨道交通和 BRT 是比较可靠的出行方式，奥运比赛期间，轨道交通和 BRT 将承担起重要的任务。为了充分发挥它们的能力，可以考虑建立比赛场馆和轨道交通、BRT 站点之间的快速联系，给观众提供方便，如图 4-11 所示。

地铁 10 号线一期：北土城站可以直接为奥运公园提供服务；团结湖站可以为工

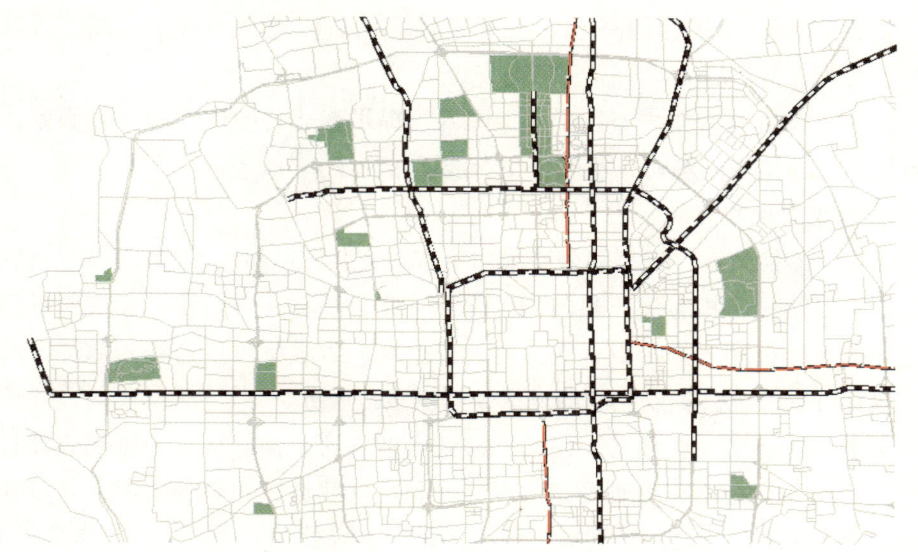

图4-11　地铁及BRT示意图

人体育场场馆群提供服务；劲松站可以连接北京工业大学羽毛球馆；巴沟站可以为老山自行车场馆群提供接驳。

地铁 5 号线：大屯路站是 5 号线距离奥运公园最近的车站，但如果依靠步行方式仍显得比较远，可以考虑设置穿梭巴士在两点之间进行接驳。

地铁 2 号线:2 号线北段的站点（西直门、积水潭、鼓楼大街、安定门、雍和宫、东直门）都可以为奥运公园提供接驳服务；东四十条站可以为工人体育场场馆群提供服务；西直门可以为首都体育馆提供服务；东直门为朝阳公园沙滩排球场提供接驳比较合适。

地铁 1 号线：苹果园可以接驳北京射击馆；八角站、八宝山站可以直接为老山自行车场馆群提供服务；五棵松站、玉泉路站直接为五棵松场馆群提供服务；四惠站可以为北京工业大学羽毛球馆提供接驳服务。

地铁 13 号线：知春路站连接大学区的几个场馆比较方便。

八通线：八通线可以换乘地铁一号线，进而连接到城市轨道交通系统，观众在四惠东换乘比较方便。

安立路 BRT：大屯路站距离奥运公园东安检口仅有 700m 左右，可以直接为奥运公园服务。

南中轴 BRT：南中轴 BRT 连接南城诸多区域，最北端的前门站如果能够与奥运公园之间形成良好的连接，将极大的方便南城观众观看比赛。

朝阳路 BRT：由于朝阳路 BRT 在呼家楼北站可以换乘地铁十号线，所以观众走此路径最为方便。

地铁 8 号线（奥运支线）位于安保圈内，提供奥运公园内部的交通服务，所以在进行轨道交通接驳问题时，奥运公交专线不予考虑。

③ 其他重要换乘点。

三环路上的换乘点：三环路公交线路丰富，尤其 300 路快车等线路运行速度快，容量大，可以快速分担客流。蓟门桥、北太平庄、马甸、安贞桥、和平西桥等站可以作为连接奥运公园的换乘点；航天桥、公主坟、六里桥可以连接西部赛区的比赛场馆；双井可以为北京工业大学羽毛球馆提供接驳服务。

顺义东大桥环岛：往顺义、怀柔、密云、平谷的车辆都从东大桥环岛经过，在顺义水上公园赛场有比赛的时候，应该充分利用这些途经线路的资源，所以在东大桥环岛和顺义水上公园之间设置穿梭巴士还是很有好处的。

东关：很多前往昌平方向的线路都要经过东关，在东关和昌平铁人三项赛区之间建立公共交通联系有助于解决与城区之间的联系。

4.4.3.4　其他地区

望京：望京地区是大型居住区，会产生很多观众客流，但望京与奥运公园之间的交通联系很薄弱，赛时连接该处的公共交通应该有所加强。

什刹海、三里屯：这两个地区是酒吧集中区域，也是国外运动员在比赛之余可能经常光顾的地区，如果能连接运动员村和这两个地区，将有助于提高北京公共交通系统对运动员的服务水平。

4.4.4　奥运公交规划

奥运公交线网的合理规划是奥运公共交通服务得以实施的基础。它在整个奥运公共交通服务的组织与管理中是十分关键的。如果该项工作做不好，那么后续的运营组织工作将变得十分困难，运营组织效率和潜力也会大打折扣。

在对奥运公交专线的功能定位和需求分析的基础上，进行了场站及枢纽的规划和公交线路的运营调整工作，并在此基础上规划了奥运公交专线。

4.4.4.1　奥运公交专线场站及枢纽规划

（1）场馆周边场站规划。为了给 2008 年北京奥运会各比赛场馆提供有效的交通保障，根据北京市交通委组织编制的《奥林匹克公园及其它场馆赛时交通设施与交通组织规划》，奥运比赛场馆周边临时公交场站共涉及 19 处，总用地面积 32.06 万

m^2，其中奥运公园周边区域有 7 块，包括奥林匹克北公交场站（G1）、奥林匹克西公交场站（G2）、奥林匹克东公交场站 1（G3）和 2 号（G4）、奥林匹克南公交场站（G5）、备用场站（G6）、地铁换乘备用场站（G7），共计约 18.5 万 m^2（图 4-12）。

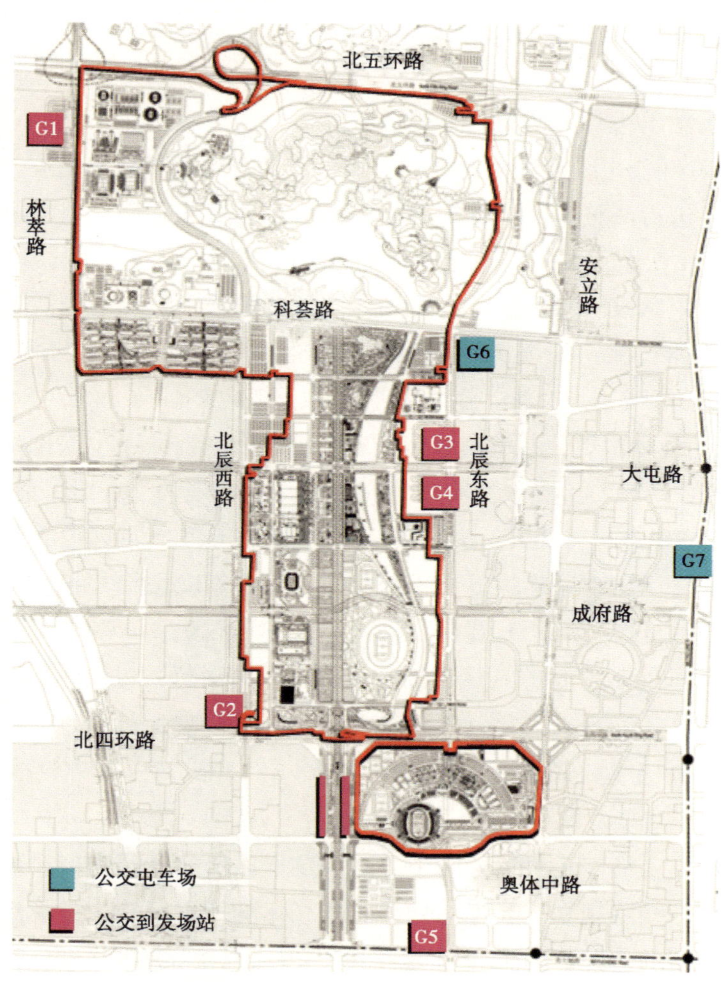

图4-12　奥林匹克公园临时公交场站分布示意图[1]

（2）场馆另一端场、站规划。奥运专线一般都连接场馆和其他区域，为了区别场馆周边的场、站，这里将其他区域一端的场、站称为“场馆另一端场、站”。

根据奥运公交专线规划，场馆另一端场、站根据实际情况采取以下几种方式进行布设。

① 利用现有公交场站、枢纽或临时租用场站驻车（复兴门场站、酒仙桥场站、

1　此图由柏诚工程咨询（北京）有限公司提供。

北京西站、四惠站枢纽、地铁万柳站临时租用场地等）。

② 如果无场站，利用现有公交站台进行到发车（如前门、双井桥等）。

北京市内大型换乘枢纽有四惠站枢纽、动物园枢纽。预计奥运前将建成完工的枢纽或集中换乘点有：西苑、东直门、北京南站、北京西站南广场。届时，奥运公交专线路可进驻上述公交枢纽。

4.4.4.2 场馆周边常规公交线路局部调整

在 2007 年常规公交线网优化的基础上，一方面对经过奥运场馆周边的常规线路走向和服务站点进行调整；另一方面根据客流变化和交通管制措施，及时调整运营计划，采取发大站快车、区间车等方式，快速疏散乘客。

4.4.4.3 规划结果

（1）线网总体情况。根据奥运期间各场馆客运量的分布，结合既有公交线路情况，规划奥运公交专线 34 条，分为两种类型（表 4–3）。

① 普通线：采取常规公共汽车线路形式组织运行的专线，中途设站，线路的运行时段覆盖全部比赛日。部分线路赛后经调整可作为常规公交线路保留。

方案中包括 10 条此类线路。其中 8 条线路服务于奥林匹克中心区（包括 6 条 24h 运行的线路），1 条线路连接五棵松与海淀地区（24h 运行线路），1 条线路连接奥林匹克水上公园与顺义城区（图 4–13）。

② 快线：以快车或直达方式运行的专线。在赛时运行，主要服务于散场，运行计划随赛事进程灵活安排，大部分线路在没有比赛时停驶，包括与地铁接驳的穿梭公交专线。为区分快线和普通线，快线路号以“K”开头，方案中包括这类线路 24 条（图 4–14）。

（2）线网规划实例——奥运公园中心区。这里以奥运公园为例，说明线路规划需要考虑的问题。线路规划需要考虑专线服务场馆的所在区域，需求规模，周边既有地铁及公交线路的情况，结合场馆周边的公交场站，考虑线路进出组织，综合确定线路走向及起点站位置。

① 场馆情况。奥林匹克公园包括 10 个比赛场馆，分别为国家体育场、国家体育馆、国家游泳中心、击剑比赛馆、奥林匹克公园射箭场、奥林匹克公园网球中心、奥林匹克公园曲棍球场、奥林匹克中心体育场、奥林匹克中心体育馆、英东游泳馆。

② 场站规划。奥林匹克公园公交场站包括：北部公交场站、西部公交场站、东部公交场站、南部公交场站、备用公交场站。

在进行场站规划的同时需要考虑车辆进出交通组织，这里仅以西部公交场站为

表4-3 奥运公交专线汇总表

路号	服务场馆	首站	末站	中途站位	备注
1	中心区各场馆及奥运村等非竞赛场馆	奥林匹克南公交场站	奥林匹克南公交场站	北土城西路东口、北辰西桥南、北辰西桥北、国家体育馆、新闻中心、南沟泥河、奥运村西、林萃路、奥林匹克北公交场站、仰山桥南、慧忠北里北、北辰东路北口、奥林匹克东公交场站、北辰东路、安慧桥北、奥体东门、北土城东路	24h运行
2	中心区、奥运村、新闻中心、数字北京大厦、总部饭店	奥林匹克北公交场站	前门	林萃路、奥运村西、南沟泥河、新闻中心、国家体育馆、北辰西桥北、北辰西桥南、北土城西路东口、安华桥南、鼓楼桥南、鼓楼、地安门外、东黄城根北口、沙滩路口北、东华门、南河沿、天安门东	24h运行
3	中心区各场馆及奥运村等非竞赛场馆	奥林匹克西公交场站	复兴门南	国家体育馆、新闻中心、南沟泥河、北沙滩桥东、马甸桥北、马甸桥南、德胜门西、积水潭桥南、平安里路口南、西四路口北、西单商场、西单路口南、宣武门内、长椿街路口东	
4	中心区、工体、残奥总部	奥林匹克东公交场站	东四十条桥东	大屯东、慧忠路东口、惠新西桥、惠新苑、樱花园西街、和平西桥北、和平里北街、地坛东门、雍和宫桥东、东直门北小街北口、东直门内、东直门外、幸福三村、工人体育场、工人体育馆	24h运行
5	中心区	奥林匹克南公交场站	酒仙桥商场	奥体西门、北土城东路（单向）、小关东里、惠新西街南口、对外经贸大学南、地铁芍药居站、太阳宫、望京桥南、望京桥北、花家地西里二区、大西洋新城南门、望京西园四区、大山桥北、王爷坟、将台路口北	24h运行
6	中心区、总部饭店	奥林匹克南公交场站	北京南站	奥体西门、健德门桥西、牡丹园西、塔院小区南门、蓟门桥（南）、明光桥南（北）、文慧桥南（北）、西直门南、阜成门北、北京儿童医院、复兴门南、广安门北、椿树馆街、白纸坊桥北、大观园、右安门东、开阳桥西	24h运行

路号	服务场馆	首站	末站	中途站位	备注
7	奥林匹克中心区、中国农业大学、航空航天大学体育馆、科技大学体育馆、北京大学体育馆、理工大学体育馆。奥运大厦、新闻中心、奥运村等非竞赛场馆	奥林匹克北公交场站	西直门	林萃路、奥运村西、北沙滩桥东、中国农业大学东校区、学院路北口、成府路口南、北京城市学院、保福寺桥西、中关村南、海淀黄庄北、人民大学、中国农业科学院、魏公村、大柳树南站、北京交通大学、地铁西直门站	24h运行
8	中心区、五棵松、首体	奥林匹克西公交场站	五棵松桥东	安翔北路东口、志新路、北京科技大学北门、成府路口西、五道口、东升园、保福寺桥南、白塔庵、联想桥南、大柳树北站、国家图书馆、白石桥南、外文印刷厂、花园桥东、玲珑路、恩济西街、定慧寺南	
k9	中心区中部四馆	奥林匹克东公交场站	大西洋新城南门	花家地西里、南湖南路北口、湖光中街西口、育慧东路、世纪村、慧忠路东口、炎黄艺术馆、慧忠路西口、北辰东路	
k10	中心区中部四馆	奥林匹克东公交场站	西苑	北辰桥西、北京城市学院、保福寺桥西、中关村北、中关园、清华大学西门、颐和园路东口	
k11	中心区北部三馆	奥林匹克北公交场站	新街口豁口	祁家豁子、北太平桥南、北京师范大学、玉桃园（单向）、明光桥北（单向）、北太平桥西（单向）	
k12	中心区中部四馆	奥林匹克南公交场站	东直门外	奥体西门、安贞桥东、和平西桥、和平东桥、和平里路口南	
k13	中心区北部三馆	奥林匹克北公交场站	地铁大屯路东站	大屯东	
k14	中心区中部北辰西路上三馆	奥林匹克西公交场站	地铁大屯路东站	大屯东	
k15	中心区国家体育场	奥林匹克东公交场站	地铁大屯路东站	大屯东	
k16	中心区国家体育场	奥林匹克东公交场站	奥林匹克南公交场站	北土城东路、北辰东路	
k17	科技大学体育馆	二里庄	地铁知春路站	北京科技大学北门、成府路口南、学知桥西	
k18	农业大学体育馆	中国农业大学东校区	地铁知春路站	成府路口南、学知桥西（单向）、北京城市学院（单向）	

路号	服务场馆	首站	末站	中途站位	备注
k19	奥林匹克水上公园	奥林匹克南公交场站	顺义奥林匹克水上公园	奥体西门、惠新西街南口、地铁芍药居站、望京桥西	
20	奥林匹克水上公园	顺义奥林匹克水上公园	顺义烟草灯岗	乡村赛马场、牛栏山一中分校	
k21	五棵松文化体育中心	五棵松桥东	北京西站南广场	六里桥北里、六里桥东	
k22	五棵松文化体育中心	五棵松桥东	阜成门	航天桥西、甘家口东	
23	五棵送文化体育中心	五棵松桥东	西苑	颐和园路东口、北京大学西门、海淀桥北、北京地震局、人民大学西门、万泉庄、苏州桥、为公桥、万寿寺、北洼路、车道沟桥东、善家坟、五路、慈寿寺桥、定慧寺南（东）、北沙沟（单向）	24h运行
k24	首都体育馆	白石桥东	宣武门内	西直门外、新街口南、西四路口北、西单商场、西单路口南	
k25	首都体育馆	白石桥南	北京西站	甘家口北、木樨地北、军事博物馆	
k26	北京射击馆	北京射击场	巴沟村	南平庄、四季青桥北、远大路东口、巴沟南路	
k27	自行车馆西部	老山自行车馆	北京西站	地铁八宝山站、玉泉路口西、莲玉桥东	
k28	自行车馆东部（山地）	老山公交场站	北京西站	老山东小街、老山西街、京原东站、地铁八宝山站、玉泉路口西、莲玉桥东	
k29	丰台体育中心	丰台体育中心北门	公主坟南	丽泽桥（西）单向、六里桥南	
k30	工业大学体育馆	北京工业大学南门	双井桥南	潘家园桥北、首都图书馆	
k31	工业大学体育馆	北京工业大学南门	四惠站		
k32	朝阳公园	朝阳公园沙滩排球场	东直门外	亮马桥、幸福三村	
k33	朝阳公园	朝阳公园沙滩排球场	大北窑东	朝阳公园桥北、朝阳公园桥西、金台路口南、红庙路口北、八王坟西（北）单向	
k34	铁人三项赛	十三陵水库	昌平东关路口北	朝凤庵村	

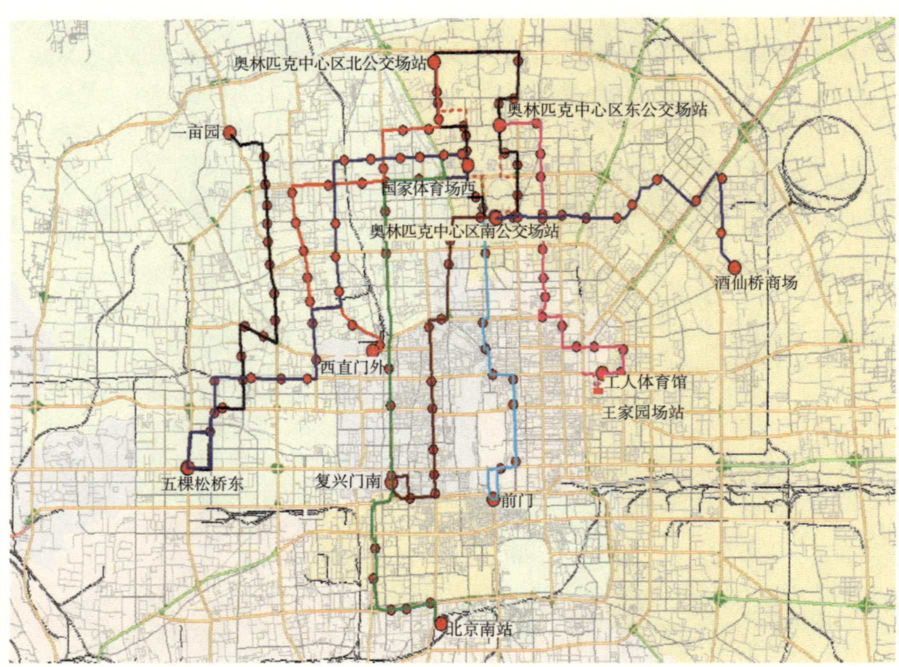

图4-13　奥运公交专线普线网络图

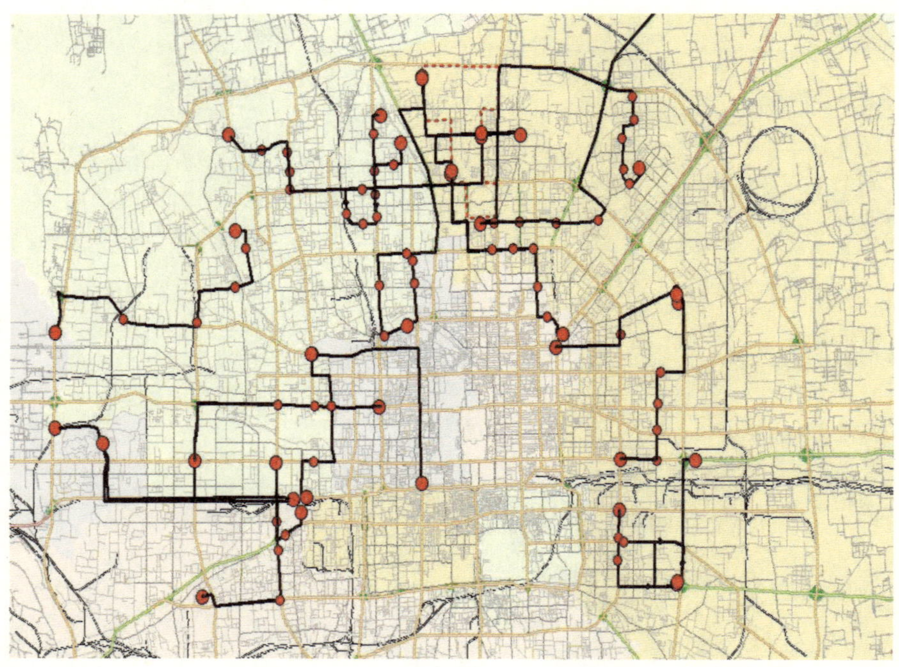

图4-14　奥运公交专线快线网络图

例，说明在场站利用方面需要考虑的问题。西部公交场站面积 1.4 万 m^2，位于奥运公园中区的西南角。在场站建设的同时，在北辰西桥北主路开一处出口，在北辰西路上的安翔北路东口设立公交掉头区，在北辰西桥下设立公交车能通过的掉头跨，使得专线运营流线在设施上得以保证（图 4–15）。

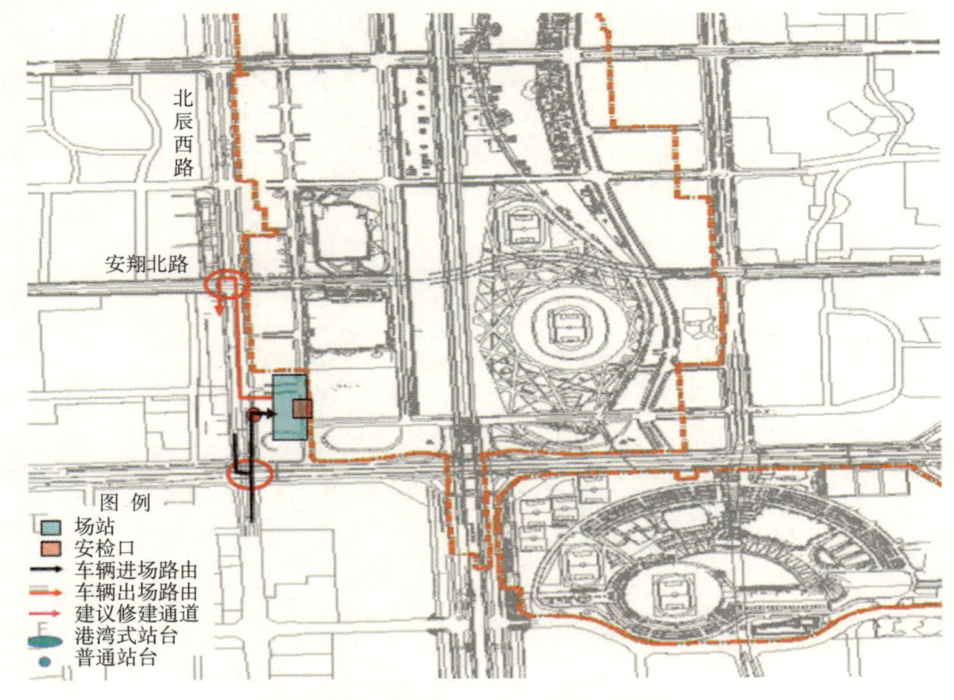

图4–15　奥林匹克中心区西部场站专线组织流线

③ 公交情况及调整。奥林匹克中心区公交主要服务站位如图 4–16 所示。

南区：安定路上奥体西门站；北四环路亚运村站，北辰路的奥体西门站，中华民族园站。

中区：北四环路北辰桥西站、亚运村站，北辰东路上的北辰东路站，大屯路上的洼里南口站、地球所站、豹房站。

北区无公交服务。

常规公交线路方面将民族园路路侧停车的 113 路、645 路两条公交线调整到南区公交场站，以替代原方案中的专线（南公交场站—四惠站）。

④ 线网规划。结合交通需求总量、流向及场站位置及规模，奥林匹克公园地区共设置公交专线 17 条，其中普通线 8 条，快线 9 条。

各公交场站设置奥运公交专线的情况如下：

利用北部公交场站开辟的奥运公交专线4条；利用西部公交场站开辟的奥运公交专线3条；利用东部公交场站开辟的奥运公交专线5条；利用南部公交场站开辟的奥运公交专线5条。

图4-16　奥林匹克中心区公交服务站位分布图

4.4.5　奥运公交运营组织计划

4.4.5.1　运营调度组织体制

奥运期间，北京公交运营采用下述三个层级调度管理：

第一层：1个总调度中心，负责总体协调、监控、应急处理，总调中心下辖分调度中心；

第二层：12个分公司调度中心，负责所辖各车队间的协调、监控，同时，根据场馆群的分布，结合公交现有分公司所辖线路情况，在分调度中心中重点建设5个区域调度中心，同时负责日常线路和奥运线路的运营；

第三层：车队负责线路的实时运营组织与调度。

4.4.5.2　运营模式

基于奥运公交专线的定位、服务对象和主要功能，采取普通线和快线两种运营模式。

普通线：采取公共汽车线路形式组织运行，中途设站。大部分线路的运行时段覆盖全部比赛日。线路重点服务于奥林匹克中心区的新建场馆、国家会展中心、奥林匹克公园、森林公园、五棵松文化体育中心。方案中包括这类线路 10 条，其中 24h 运行的线路 7 条。

这类线路与常规公交关系是：弥补新建场馆周边既有公交线路在方向上的不足，主要布设在奥运新建道路上，充分利用新建道路资源提供赛时公交服务。其中部分线路与城市公交线网整体规划相结合，赛后经调整保留，以提高公交线网覆盖率，服务于新建公共场所。

快线：以快车或直达方式运行的专线在赛时运行，主要服务于散场，运行计划随赛事进程灵活安排，大部分线路没有比赛时停驶。包括了与地铁接驳的穿梭巴士线路。方案中包括这类线路 24 条。

这类线路与常规公交关系是：弥补既有公交线路运力上的不足，特征是速度快、灵活性和临时性。在既有公交主要方向上以临线的方式增加运能。线路在场站待客，场馆周边不设中途站，利用快速路、高速路直达外围的公交网络或枢纽。与轨道交通接驳的线路采取直达方式，是轨道交通服务的延伸或运力补充。

由于在京奥运场馆相对分散，因此，根据地理位置及各公交企业的辖区划分 7 个区域，对 2008 年奥运会在京比赛场馆实行分区域管理（图 4–17）。

由于不同场馆群内场馆数量和规模的不同，考虑区域调度中心所辖线路的分布情况和就近的原则，可分为三种运营组织和调度的管理方式：

运营组织和调度模式 1：

奥林匹克公园地区（场馆群 1，如图 4–18 所示），由于场馆多、流量大、重要性强、安全要求高，由总调度中心负责总体协调、监控，由该区域调度中心重点负责，协调多个分调度中心运营管理。

运营组织和调度模式 2：

场馆群 2、3、4 和 5，由总调度中心负责协调、监控，依据就近的原则，由距离场馆群最近的区域调度中心主要负责，协调多个车队运营管理。由四个区域调度中心负责本区域场馆群的运输组织调度工作。

运营组织和调度模式 3：

场馆群 6 和 7 是郊区县的场馆，考虑到该区域公交线路经营主体与城区有差别，分别由相应区域的公交运营公司独立进行运营管理。

4.4.5.3 运营调度计划

（1）日班公交运营调度计划。

① 日班线路运行及筹备。

任务对接：按照规划方案下发线路走向图和站位表到负责运营的公共交通企业。各企业着手根据本企业奥运专线的实际情况，制订具体工作计划。从运营、安全、服务、人力资源、技术、行政、保卫、信息中心、结算中心等各方面提出详细的保障措施以及突发事件的应急预案。

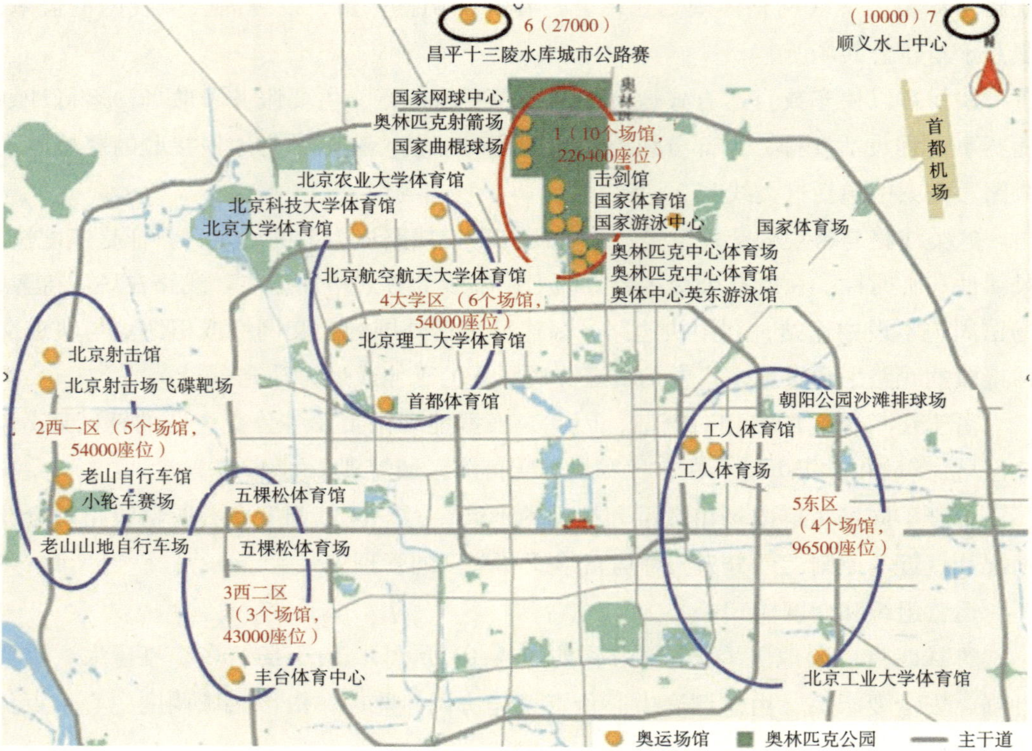

图4-17 2008年奥运会在京比赛场馆分布及场馆的分区划分

线路踏勘：各企业运营部门要会同安全部门，对所辖奥运公交专线进行踏勘。踏勘内容包括站位、站名、站距、路由、交通管理措施、线路长度、道路状况、场馆端的车、人组织流线、奥运公交临时场站、另一端场站的情况及需要解决的问题。

调整方案：在大的结构、路由保持稳定的基础上，结合踏勘对线路场馆端和另一端场站运行组织提出建议，由政府和公交企业总体协调。

制订安全服务保障措施：各单位，结合人员、线路、客流、车辆等特点，制订每条线路的安全服务图或手册，在重点站台、路段安排安全监控和秩序维护力量。

落实车辆：车型选用 12m 级单机车，原则上使用 2006 年以后生产的新车，安装无人售票箱，行车标识系统完好。

落实人员：原则上按照最终批准的行车计划，按需配置司售人员。

站务设施和行车标识。

站杆：按照要求统一制作安装太阳能站杆。

站牌：内容包括路号、起止站、有车日期、有车时间、计划间隔、线路图、票价、

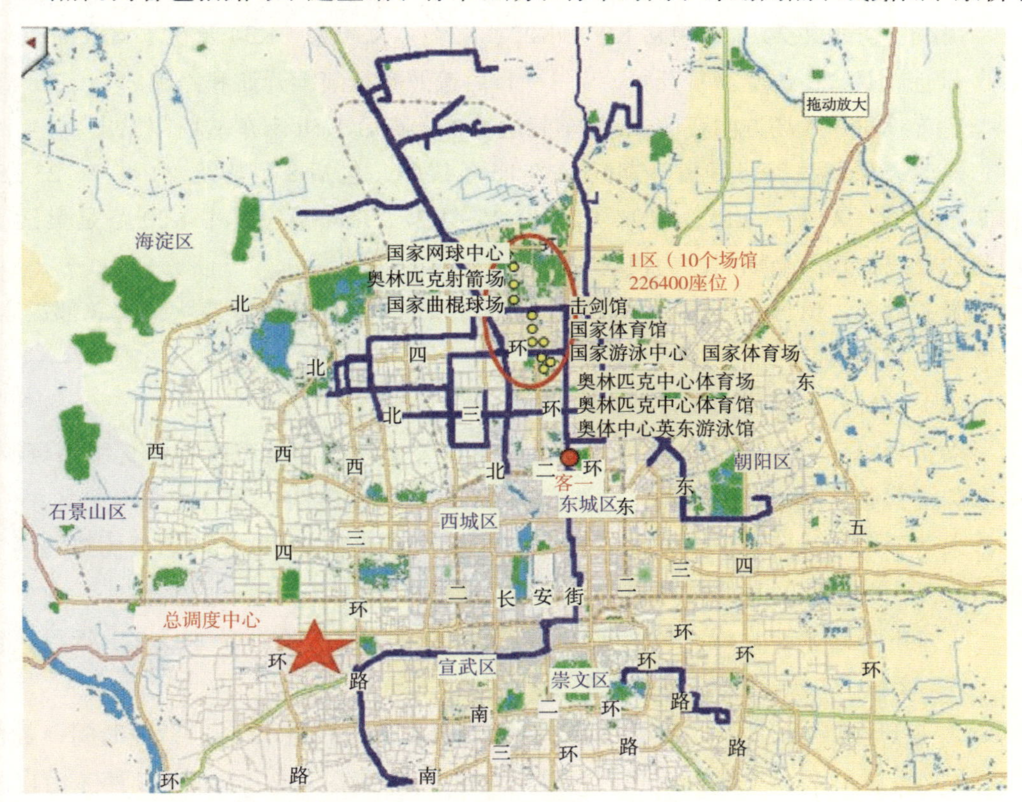

图4-18　运营组织和调度模式1负责场馆

文明用语等内容。

行车标识：车辆路、腰、尾牌路号夜间为发光显示。

② 线路运行组织。34 条奥运公交专线共分普线和快线两大类，线路名称采用“奥运公交专线 + 路号”的方式（线路具体情况见 4.4.4.3 节）。

普线：普线共 10 条，包括 1、2、3、4、5、6、7、8、20、23 路 。

开通日期为：1、2、3、4、5、6、7、23 路 7 月 20 日 ~ 9 月 20 日开通；8 路、

20路7月20日～8月27日开通（奥运会闭幕后8路停驶，在残奥会期间20路改为快车）。

运营时间：1、2、4、5、6、7、23路是24h运营，统一定为7月20日5:30发首车；3、8路运营时间为5: 30 ～ 23: 00；20路运营时间为5: 30 ～ 20: 30。

1路、2路为两条重点线路，其中1路是条环线，串联了奥林匹克中心区全部比赛场馆和公交场站，使用25部混合动力大客车运行。2路是途经奥林匹克中心区、奥运村、新闻中心、奥林匹克大家庭总部饭店的线路，沿南北中轴线连接市中心。

快线：快线共24条，包括K9 ～ K22、K24 ～ K34路（K34开行了支线）。

开通日期：在比赛当日开行，8月9日后按照赛程陆续开通和停驶。

运营时间：入场方向赛前3h首车到达场馆，赛后1.5h末车从场馆发出。

残奥会保留线路：残奥会期间保留16条线路，包括8条普线（1 ～ 7、23路）和8条快线（K13 ～ K15、K19、K20、K26、K27、K34路，其中K20路是奥运会期间的普线在残奥会期间改为快线）。

服务重点：奥林匹克中心区、残奥运村、新闻中心、奥林匹克大家庭总部饭店、残奥会比赛场馆。

（2）夜班公交运营调度计划。

以实现承诺和满足需求为目标，依托奥运公交专线和城市夜间公交线网资源，采取调整营业时间、行车间隔、设站走向的方式，形成赛时夜间公交线网方案。

大部分市区线路营业时间为5: 00 ～ 23: 00，可以为23: 00之前结束比赛的场馆提供服务；对于夜间其他时间的出行需求，采取以下措施：

① 24h奥运公交专线。按照奥运公交专线规划方案，有7条专线24h运行，包括1线、2线、4线、5线、6线、7线、23线。

② 夜班车线路12条。奥运期间，全市有夜班公交线路12条，营业时间一般在23: 20 ～次日4: 40，主要分布在四环路以内的市区干路。其中包括209路（沿白颐路至颐和园）和212路（沿石景山路至老古城）两条放射线。24h奥运专线与夜班车线网构成夜间公交服务网络如图4-19所示。

③ 常规公交线路场馆周边屯车，重点服务于夜间散场的场馆。

④ 针对早场比赛工作人员的服务。国家体育场、国家体育馆、击剑馆主要由奥运专线2、专线4、专线5解决；同时在有早场比赛的8月9日、13日、14、15日、16日，于当日4:00 ～ 5:00期间增加奥运专线7（西直门至中心区西场站）的临时车次服务上述场馆。

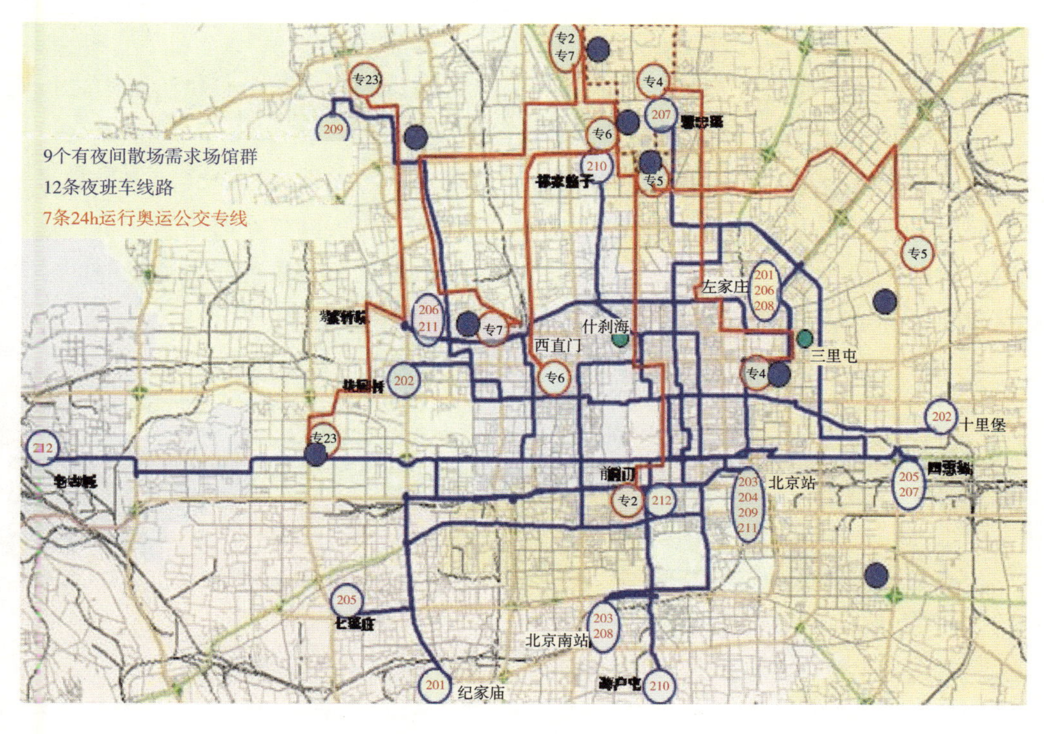

图4-19　24h专线与夜班车图

4.4.6　方案评价

为了检验方案的实施效果，对规划线网及运营组织方案进行评价。

4.4.6.1　评价指标

由于设置奥运专线的目的主要是为了弥补场馆周边公交运力和方向上的不足，所以应重点关注场馆周边公交运力是否充足、观众是否可以方便、快捷的到达比赛场馆。考虑以上因素，评价主要针对以下几个方面：奥运场馆周边公交的运输能力；奥运场馆周边公交的空间可达性；奥运场馆周边公交的时间可达性。

对这几个方面的评价内容分别选用表 4–4 中评价指标。

表4–4　场馆周边评价指标表

评 价 内 容	评 价 指 标
奥运场馆周边公交的运输能力	增设专线前后的高峰小时场馆周边公交负荷度
奥运场馆周边公交的空间可达性	增设专线前后途经场馆的公交线路数量及线网覆盖的道路里程
奥运场馆周边公交的时间可达性	增设专线前后场馆的平均出行时间及等时线图

4.4.6.2　总体分析与评价

（1）奥运场馆周边公交的运输能力。用场馆周边的公交需求与供给能力之比表示公交负荷度，以反映公交的运输能力满足需求的程度。

考虑到奥运会这种大型赛事场馆周边需求变化的特殊性，以公交运力最为紧张的时间段（供给能力与需求之间缺口最大的时间段）作为高峰小时进行评价，这个时间段可能出现在奥运需求处于高峰的时间、城市背景交通量处于高峰的时间、或是夜间散场公交运力薄弱的时间。

表 4–5 给出高峰时间段内场馆周边公共交通需求（包括奥运的公交需求量、城

表4–5　场馆周边高峰小时需求及运力情况表

场　馆	需求最大缺口（人/h）	出现时间	公共交通总需求（人/h）	公共交通总运力（人/h）	公共交通负荷度（%）
首都体育馆	3072	22:00	11072	11200	98.9
北京航天航空大学体育馆	113	23:00	417	554	75.3
中国农业大学体育馆	662	13:00	8736	9074	96.3
北京科技大学体育馆	426	21:00	6705	6779	98.9
五棵松文化体育中心	7443	13:00	16079	16136	99.6
北京理工大学体育馆	0	—	—	—	—
北京大学体育馆	322	0:00	322	400	80.6
奥林匹克公园北区	10401	22:00	10443	11042	94.6
奥林匹克公园南区	9876	21:00	16852	16976	99.3
奥林匹克公园中区	25119	22:00	41119	43216	95.1
工人体育场及工人体育馆	2775	21:00	50775	51000	99.6
北京工业大学体育馆	4141	22:00	4514	4574	98.7
朝阳公园沙滩排球场	6478	12:00	11138	11159	99.8
丰台垒球场	1056	14:00	11947	12091	98.8
老山自行车场馆群	1996	14:00	17494	17514	99.9
北京射击场及北京射击馆	1142	8:00	8816	8873	99.3
昌平铁人三项赛场	5651	9:00	6248	6397	97.7
顺义奥林匹克水上公园	7050	12:00	7050	7200	97.9

市的公交需求量）、常规公交及地铁的运力，以需求和运力之间存在的缺口作为补充奥运专线运力的基础。评价表中也将给出增加奥运专线运力后场馆周边公共交通系统的高峰小时负荷度。

从表 4–5 可以看出，在比照运力缺口增加奥运专线运力后，场馆周边公共交通系统的负荷度都能维持在可接受范围之内。

（2）奥运场馆周边公交的空间可达性。以途经场馆的公共交通线路覆盖道路的长度反映场馆周边公交的空间可达性，具体指标见表 4–6。

表4–6　场馆周边途经公交线路及线路覆盖道路的长度表

场馆	途经线路数（条）			途经线路覆盖道路长度（km）		
	设置专线前	设置专线后	增加	设置专线前	设置专线后	增加
首都体育馆	38	41	3	391.7	402.1	10.4
北京航天航空大学体育馆	37	41	4	509.0	525.4	16.4
中国农业大学体育馆	18	20	2	205.9	210.6	4.6
北京科技大学体育馆	35	38	3	402.7	435.8	33.1
五棵松文化体育中心	28	32	4	423.6	448.6	24.9
北京理工大学体育馆	45	46	1	547.4	552.4	5.0
北京大学体育馆	56	57	1	572.4	585.3	12.9
奥林匹克公园北区	1	6	5	8.7	54.1	45.5
奥林匹克公园南区	35	41	6	404.3	415.3	11.0
奥林匹克公园中区	39	49	10	507.5	537.8	30.4
工人体育场及工人体育馆	17	18	1	172.8	182.6	9.8
北京工业大学体育馆	24	26	2	261.3	263.2	1.9
朝阳公园沙滩排球场	12	14	2	457.3	458.9	1.6
丰台垒球场	36	37	1	460.3	461.3	0.9
老山自行车场馆群	17	19	2	138.8	149.5	10.7
北京射击场及北京射击馆	8	9	1	47.8	50.0	2.1
昌平铁人三项赛场	2	4	2	172.0	172.0	0.0
顺义奥林匹克水上公园	0	2	2	0.0	54.3	54.3

从表 4–6 可以看出，大多数场馆在增加奥运专线后，与场馆直接相连的公交线路覆盖范围都有所提高，抵离场馆的方便性大大提高。

（3）奥运场馆周边公交的时间可达性。用场馆到城市各区域的平均出行时间来评价奥运场馆周边公交的时间可达性，具体指标见表 4–7。

表4–7　奥运场馆周边公交的时间可达性表

场　　馆	出行时间（设置专线前）（min）	出行时间（设置专线后）（min）	缩小比例（%）
首都体育馆	47.2	46.1	2.3
北京航天航空大学体育馆	50.7	50.1	1.2
中国农业大学体育馆	53.9	53.4	1
北京科技大学体育馆	50.8	50.1	1.4
五棵松文化体育中心	55.0	54.4	1.1
北京理工大学体育馆	53.5	53.4	0.1
北京大学体育馆	55.0	54.8	0.3
奥林匹克公园北区	77.8	58.8	24.4
奥林匹克公园南区	50.8	50.4	0.6
奥林匹克公园中区	59.6	58.7	1.5
工人体育场及工人体育馆	48.2	48.0	0.3
北京工业大学体育馆	63.4	62.1	2.1
朝阳公园沙滩排球场	61.4	55.9	9
丰台垒球场	61.4	60.9	0.8
老山自行车场馆群	56.7	56.2	0.8
北京射击场及北京射击馆	78.2	75.2	3.8
昌平铁人三项赛场	95.3	95.2	0.1
顺义奥林匹克水上公园	110.7	97.0	12.3

从表 4-7 可以看出，设置奥运专线后，抵达场馆的平均出行时间有不同程度的降低。奥运专线连接的区域出行时间更是有较大幅度的降低。

4.4.6.3　各场馆群分析与评价实例

受篇幅所限，仅以部分有代表性的场馆为例，说明针对场馆群的分析评价内容。

（1）奥运公园中区。

① 场馆的公交运输能力。从场馆周边全日公交需求及运输能力来说，高峰需求出现在第 15 比赛日，届时，奥运需求将达到 44.0 万人次，而场馆附近日常出行需求在 10.7 万人次左右，总需求为 54.7 万人次。而周边公共交通运力可以达到 81.7 万人次。从全日来看，运力可以满足需求。

如图 4-20 所示，在 22:00 左右的散场高峰来临时，场馆周边的公交系统面临比较大的压力。散场离开的观众人数将达到 3.9 万人，加上周边社会出行需求，总需求将达到 4.1 万人 /min。如果不增开公交专线，常规公交的运力仅有 1.6 万人 /min 左右，运力和需求之间将产生很大缺口（2.5 万人 /min），在增加了公交专线的运力后（2.7 万人 /min）后，公交负荷度为 95%，基本可以满足需求。如果周边公交采取缩短发车间隔，增加区间车数量等措施，完全可以满足赛时需求。

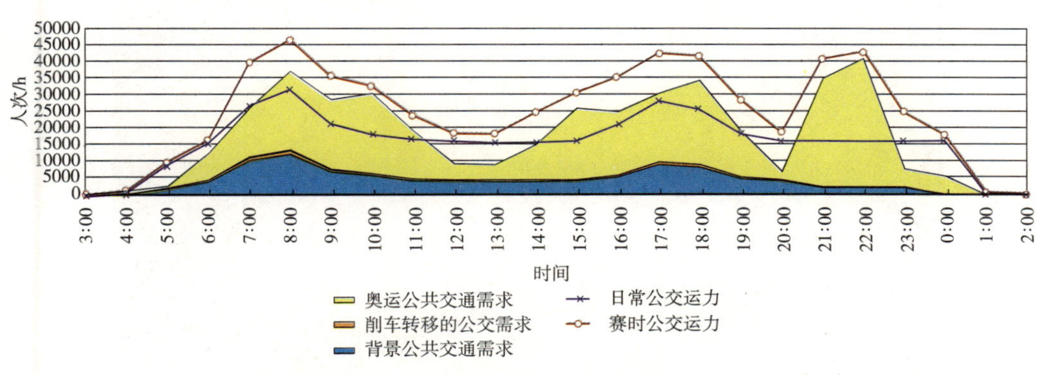

图4-20　奥运公园中区周边公共交通需求及运力关系图

② 空间可达性。设置专线前途经场馆的线路数有 39 条，增加专线后达到 49 条，增加了 10 条途经线路；设置专线前，途经线路所覆盖道路的里程为 507.5km，设置专线后达到 537.8km，增加了 30.4km，填补了很多空白区域（图 4-21）。

③ 时间可达性。从场馆到市区各处的出行时间由设置专线前的平均出行时间 59.6min 缩短到设置专线后的平均出行时间 58.7min，缩短了 1.5%（图 4-22）。

（2）北京大学体育馆。

① 场馆的公交运输能力。从场馆周边全日公交需求及运输能力来说，高峰需求

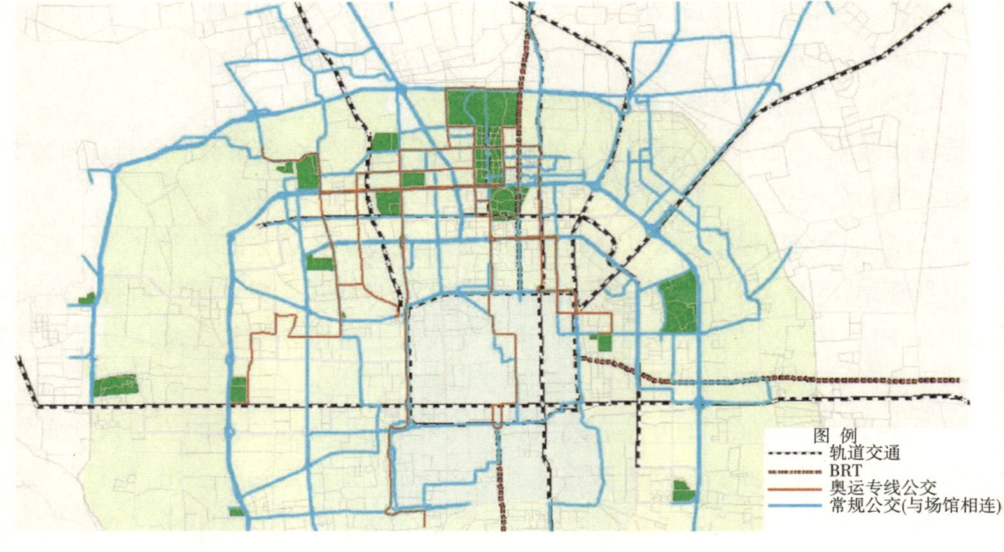

图4-21　奥运公园中区途经公交线路图

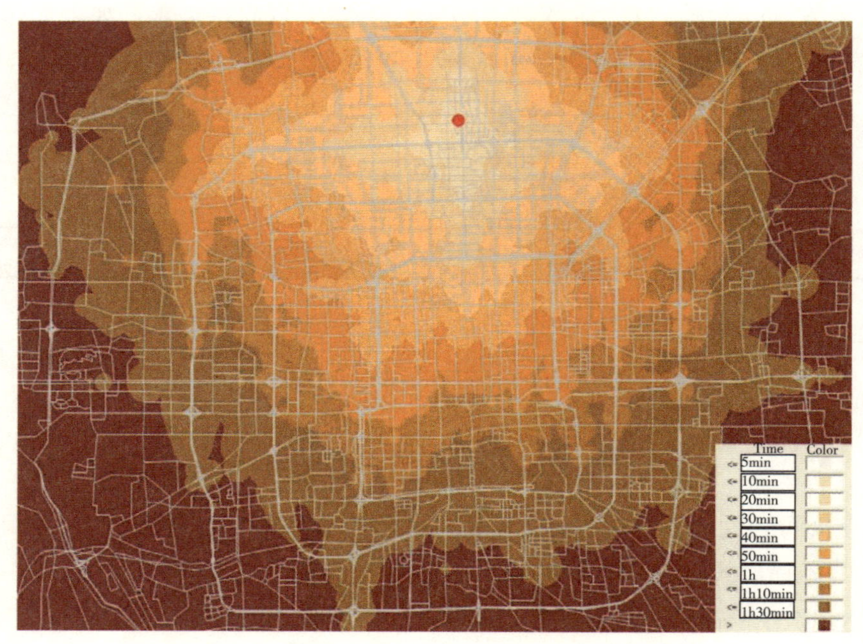

图4-22　奥运公园中区出行时间等时线图

出现在第 14 比赛日，届时，奥运需求将达到 1.3 万人次，而场馆附近日常出行需求在 30.4 万人次左右，总需求为 31.7 万人次。而周边公共交通运力可以达到 49.6 万人次。从全日来看，运力可以满足需求。

由于北京大学体育馆场馆容量不大，最高峰散场人数不到 4500 人，而场馆周边公共交通运力充足，依靠场馆周边的常规公交就可以满足运输需要。不过，在晚场比赛结束后，工作人员和志愿者离开场馆的高峰时间会有 300 人左右的出行需要，通过提高夜间公交专线的运能完全可以解决这部分人员的出行需求（图 4-23）。

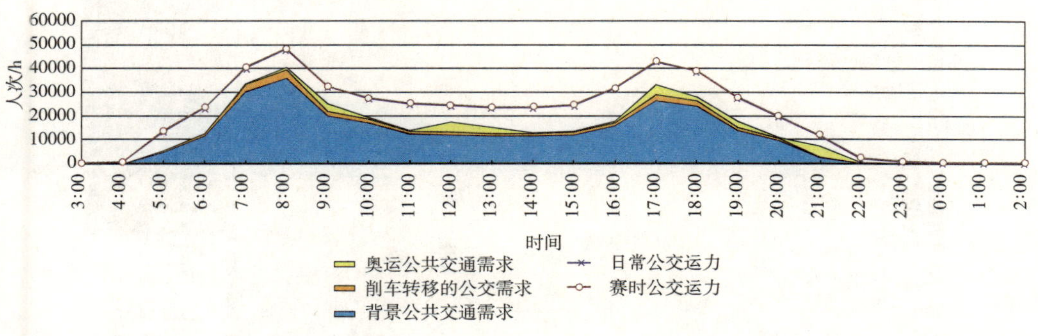

图4-23　北京大学体育馆周边公共交通需求及运力关系图

② 空间可达性。设置专线前途经场馆的线路数有 56 条，增加专线后达到 57 条，增加了 1 条途经线路；设置专线前，途经线路所覆盖道路的里程为 572.4km，设置专线后达到 585.3km，增加了 12.9km，填补了一些场馆连接的空白区域（图 4-24）。

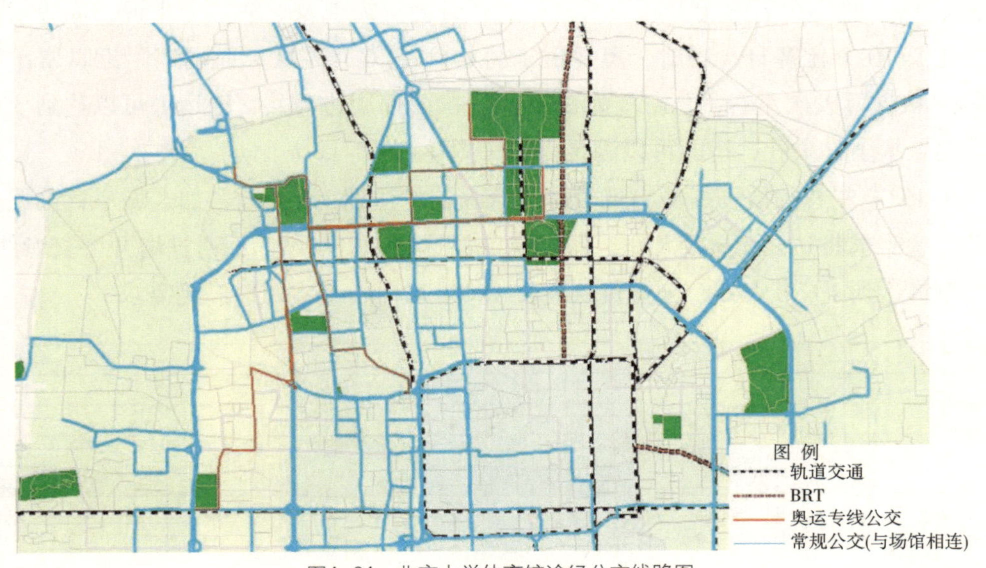

图4-24　北京大学体育馆途经公交线路图

③ 时间可达性。从场馆到市区各处的出行时间由设置专线前的平均出行时间 55.0min 缩短到设置专线后的平均出行时间 54.8min，缩短了 0.3%（图 4-25）。

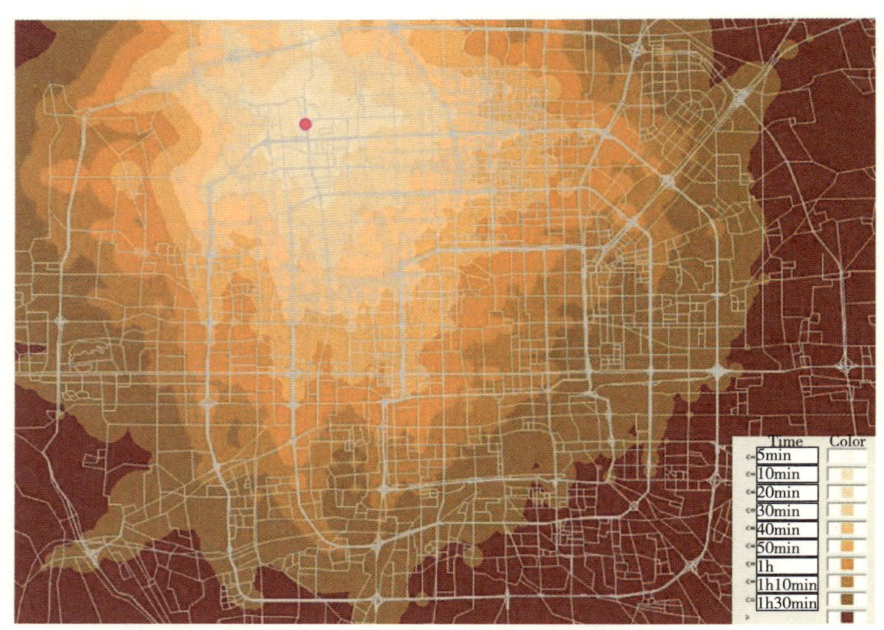

图4-25　北京大学体育馆出行时间等时线图

（3）五棵松场馆群。

① 场馆的公交运输能力。从场馆周边全日公交需求及运输能力来说，高峰需求出现在第 10 个比赛日，届时，奥运需求将达到 11.0 万人次，而场馆附近日常出行需求在 11.5 万人次左右，总需求为 22.5 万人次。而周边公共交通运力可以达到 30.5 万人次。从全日来看，运力可以满足需求（图 4–26）。

在 13:00 左右的散场高峰出现时，观众人数将达到 1.1 万人，加上城市社会出行需求，总需求将达到 1.6 万人 /h，需求缺口将达到 0.7 万人 /h，通过增开公交专线，总能力将达到 1.6 万人 /h，公交负荷度在 100% 以内，基本可以满足需求。

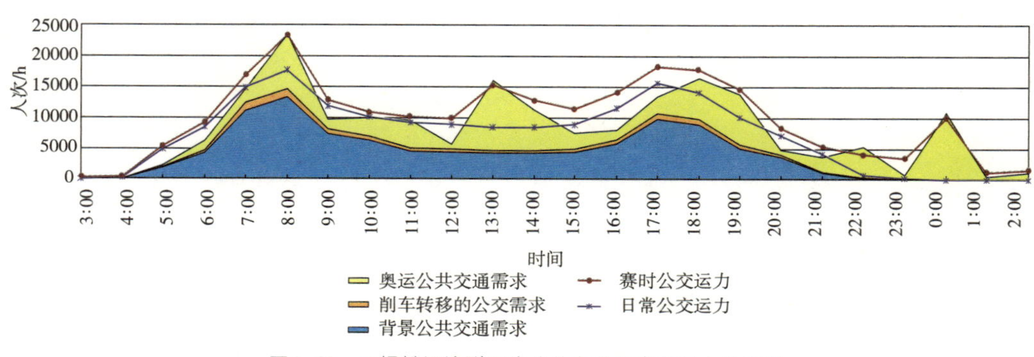

图4-26　五棵松场馆群周边公共交通需求及运力关系图

在如果周边公交采取缩短发车间隔，增加区间车数量等措施，可以满足赛时需求。

② 空间可达性。设置专线前途经场馆的线路数有 28 条，增加专线后达到 32 条，增加了 4 条途经线路；设置专线前，途经线路所覆盖道路的里程为 423.6km，设置专线后达到 448.6km，增加了 24.9km，填补了很多空白区域（图 4-27）。

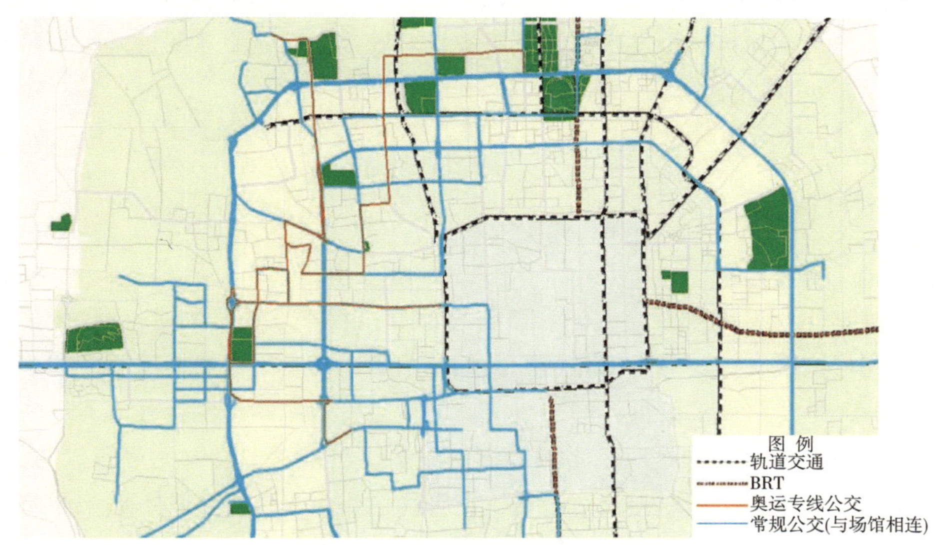

图4-27　五棵松场馆群途经公交线路图

③ 时间可达性。从场馆到市区各处的出行时间由设置专线前的平均出行时间 55min 缩短到设置专线后的平均出行时间 54.4min，缩短了 1.1%（图 4-28）。

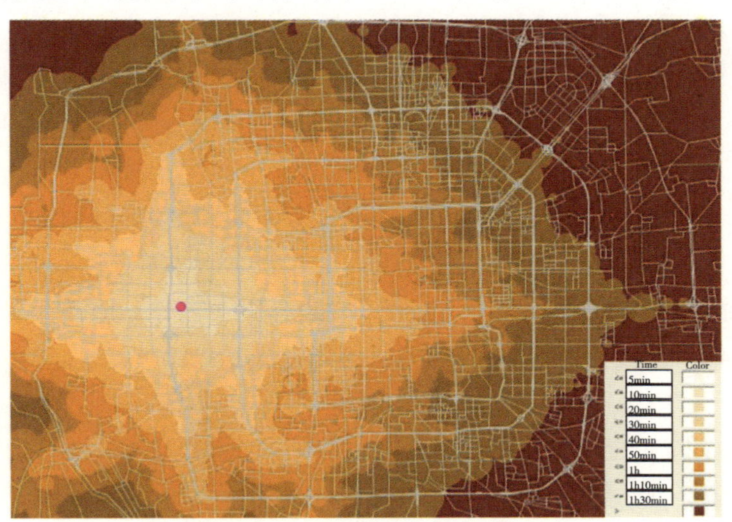

图4-28　五棵松场馆群出行时间等时线图

4.5 出租汽车奥运赛时运营组织规划[1]

出租汽车是奥运赛时各群体出行需求的辅助方式，是对赛时 T1~T4 和 T5 群体的主导交通方式（前者为小车、合乘车或大巴班车、后者为公共交通）的补充。奥运会期间，北京市为赛事提供出租汽车服务是对奥运会交通服务的提升，是对奥运会交通运输规划体系的创新和贡献。

本节将对奥运会赛时出租汽车服务规划进行介绍。

4.5.1 项目概述

4.5.1.1 研究背景

出租汽车作为城市公共交通的有益补充部分，有着方便、快捷、灵活的特点，在奥运期间将继续发挥其应有的作用。出租汽车服务是奥运交通运输服务的一个重要组成部分，是北京展示给世界的一个窗口，也是奥运专用车辆服务、奥运公交专线服务的有益补充，特别是对于零散客流的服务，出租汽车具有无可替代的作用。为了积极应对奥运会期间出租汽车运营组织管理工作，为实现北京市委市政府提出的举办一届“有特色，高水平”的奥运会的战略目标提供保障，开展 2008 年奥运会及残奥会期间出租汽车运营服务方案的编制工作十分重要。

4.5.1.2 研究目标

此研究主要实现以下具体目标：

（1）在充分调研的基础上，根据奥组委提出的具体需求，研究提出奥运会及残奥会赛时出租汽车运营的有关政策，包括出租汽车车辆通行政策、车证发放及使用政策等；

（2）确定奥运会及残奥会赛时出租汽车服务对象和服务覆盖范围，按照北京奥运赛时需求，将奥运交通服务场所按照赛时出租汽车服务对象和服务要求的不同进行分级分类研究，针对不同类别服务场所规划相应的出租汽车服务方案；

（3）按照不同类别出租汽车服务场所的分布情况，规划奥运会及残奥会赛时出租汽车调度组织方案；

（4）按照奥组委提出的各场馆的“三区方案”和场馆运行方案，规划出租汽车各服务场所保点区及上下客区位置；

[1] 本节主要内容及图表引自北京交通发展研究中心编制的《奥运出租汽车运营组织规划》。

（5）结合场馆运行方案及 T1~T5 的组织流线，规划赛时各服务场所出租汽车进出组织流线；

（6）制订相应的出租汽车应急调度组织预案，用于保证赛时出租汽车各种突发事件的快速处理。

由于奥运会 T1 ~ T5 不同的客户群体都安排有相对应的主体交通方式，出租汽车仅作为奥运赛时各群体出行需求的辅助方式，是对赛时 T1~T4 的小车、合乘车或大巴班车方式以及 T5 群体公共交通方式的补充。

4.5.2 出租汽车奥运赛时服务场所分类

按照北京奥运赛时需求，赛时交通服务场所涉及 31 个奥运比赛场馆，45 处独立训练馆，17 处非竞赛场馆，29 家国际单项体育组织饭店和近 100 家奥林匹克大家庭、注册媒体签约饭店，服务场所遍布全市，这些场所是出租汽车运营服务需要考虑的主要场所。

依据奥运交通服务场所涉及的范围，选定奥运赛时出租汽车服务场所为部分奥运非竞赛场馆、奥运比赛场馆、奥运独立训练馆和奥运签约饭店。同时按照奥组委和国际奥委会的要求，结合各服务场所服务对象的不同，初步将出租汽车服务场所分成三类，根据各方的需求和要求，考虑各服务场所自身的特点，各类场所可以相互转换以调整。

4.5.2.1 A 类场所

出租汽车奥运赛时服务重点场所，服务对象为部分大家庭成员、非注册媒体，以电话约车服务为主，该类场所将按照奥组委提出的需求设置一定量的保点出租汽车，规划专门的出租保点区，施划停车位，标牌和组织流线，有专门的人员负责调度组织管理，同时需要志愿者提供引导和相应的语言支持服务。

按照初步分类方案，A 类场所赛时由运输管理部门直接组织几家大企业采用包干负责制，主要包括 8 个非竞赛场馆及非注册媒体工作场所，分别为北京饭店、港澳中心（残奥会总部饭店）、21 世纪饭店、汇源公寓、绿色家园、奥运村、首都机场、国际广播中心、主新闻中心和歌华开元大酒店（非注册媒体工作场所）。

4.5.2.2 B 类场所

B 类场所根据服务对象不同分为以下两种形式：

大家庭出租汽车点：服务对象为部分大家庭成员，按照场馆运行方案，规划专门的上下客点、施划停车位、标牌和组织流线，根据场馆周边条件配备一定量的保点出租汽车，施划停车位、设置标牌和规划组织流线，有专门的人员负责调度组织管理。同时散场对大家庭成员提供电话约车服务，需要有志愿者提供引导和相应的语言支持服务。

观众出租汽车停靠点（区域）：奥运赛时鼓励观众尽量乘坐公共交通前往比赛场馆观看比赛，对于少部分乘坐出租汽车前往比赛场馆的观众在场馆区外停靠点（区域）下车，步行或换乘公交前往场馆。出租汽车卸客后迅速驶离。

对于部分老弱病残等特殊观众乘坐的出租汽车，建议交通管理人员根据各场馆的实际情况和即时的交通流量灵活处理，在不影响大家庭交通的前提下，可以允许其进入场馆区"就近卸客，迅速驶离"。

另外，考虑到场馆周边的实际情况，B 类场所中的顺义奥林匹克水上公园及昌平铁人三项赛场大家庭出租汽车点参照 A 类场所标准设置。

按照初步分类方案，B 类场所赛时采用属地负责制，由运输管理部门组织各区管理处或者各区交通局负责调度组织管理，协调安排企业应对各比赛场馆赛时出租汽车需求，B 类场所主要包括 31 个奥运比赛场馆，按属地划分为：

朝阳区：奥运公园中心区（10 个比赛场馆），朝阳公园沙滩排球场，北京工业大学体育馆；

海淀区：中国农业大学体育馆，北京科技大学体育馆，北京航空航天大学体育馆，北京大学体育馆，北京理工大学体育馆，五棵松体育中心（篮球馆、棒球场）首都体育馆；

东城区：工人体育馆，工人体育场（工人体育场与工人体育馆作为场馆群由东城区负责）；

石景山区：北京射击馆场馆群（射击馆、飞碟靶场），老山自行车场馆群（自行车馆、山地自行车、小轮车馆）；

丰台区：丰台垒球场；

崇文区：公路自行车赛起点（永定门内）；

顺义区：顺义奥林匹克水上公园（赛艇、皮划艇静水、皮划艇激流回旋）；

昌平区：十三陵水库铁人三项赛场。

4.5.2.3 C 类场所

C 类服务场所主要依靠社会出租汽车按照市场调节来满足需求，包括 45 处独立训练馆，29 家国际单项体育组织饭店，近 100 家奥林匹克大家庭、注册媒体签约饭店等。C 类服务场所涉及东城区、西城区、崇文区、宣武区、海淀区、朝阳区、石景山区、丰台区、顺义区和昌平区 10 个区。

2007 年 6 月底至 7 月初，相关部门对 C 类服务场所当时出租服务水平进行摸底调查。调查主要内容包括各场所出租汽车停车位数量和位置，各场所出租汽车上下点位置，出租汽车进出场所交通流线，场所周边公交及地铁站点情况（包括站名和线路）。对于没有出租汽车停车位及上下点的酒店，将督促其根据周边条件完善出租汽车停车位施画及停靠点设置，以便赛时出租汽车能更好的服务于各场所。

根据各场所出租服务水平的不同将 C 类场所分成一类、二类和三类三种，其中一类场所为有专门的出租汽车停车位，出租汽车进出方便的场所；二类场所为没有专门的出租汽车停车位，出租汽车进出较方便的场所；三类场所为出租汽车服务较难覆盖或平时很少有出租汽车在附近出现的场所。对于一类、二类场所，赛时依靠社会出租汽车按照市场调节满足需求，对于三类场所则需要参照 B 类场所（竞赛场馆规格）甚至是 A 类场所（非竞赛场馆规格）制订保障方案。

统计表明，绝大部分签约饭店和独立训练馆属于一、二类，约占 92.3%，三类场所约占 7.7%。

4.5.2.4　赛时出租汽车服务场所按区划分

出租汽车奥运赛时服务场所共涉及 10 个区，各区具体场所情况如下：

（1）朝阳区。A 类场所 8 处：奥运村、IBC、MPC、绿色家园、汇源公寓、首都机场、奥林匹克青年营、歌华开元大酒店。B 类场所 12 处：奥林匹克公园 10 个比赛场馆、朝阳公园沙滩排球场、北京工业大学体育馆。C 类场所 62 处，其中签约酒店 58 处，独立训练馆 4 处。

（2）海淀区。B 类场所 8 处：北京大学体育馆、中国农业大学体育馆、北京科技大学体育馆、北京航空航天大学体育馆、北京理工大学体育馆、首都体育馆、五棵松体育馆、五棵松棒球场。C 类场所 45 处：其中签约酒店 23 处，独立训练馆 22 处。

（3）东城区。A 类场所 1 处：奥林匹克大家庭饭店（奥运会北京饭店及贵宾楼、残奥会港澳中心）。B 类场所 2 处：工人体育馆、工人体育场（工人体育场和工人体育馆作为场馆群考虑，建议由东城区负责）C 类场所 27 处，其中签约酒店 26 处，独立训练馆 1 处。

（4）西城区。C 类场所 12 处，其中签约酒店 7 处，独立训练馆 5 处。

（5）宣武区。C 类场所 4 处，其中签约酒店 3 处，独立训练馆 1 处。

（6）崇文区。B 类场所 1 处：公路自行车赛起点。C 类场所 1 处，为签约酒店。

（7）石景山区。B 类场所 5 处：北京射击场飞碟靶场、北京射击馆、老山自行车馆、老山山地自行车场、小轮车赛场。C 类场所 6 处，其中签约酒店 4 处，独立训练馆 2 处。

（8）丰台区。B 类场所 1 处：丰台体育中心。C 类场所 3 处，均为独立训练馆。

（9）顺义区。B 类场所 1 处：奥林匹克水上公园。C 类场所 2 处，均为签约酒店。

（10）昌平区。B 类场所 1 处：十三陵水库铁人三项赛场。C 类场所 5 处，其中签约酒店 3 处，独立训练馆 2 处。

通过以上按区划分服务场所可以看出，奥运赛时出租汽车服务场所分布极其不均，朝阳区和海淀区集中了大部分的服务场所。

各区出租汽车服务场所数量及出租企业数量情况如图 4-29、图 4-30 所示。

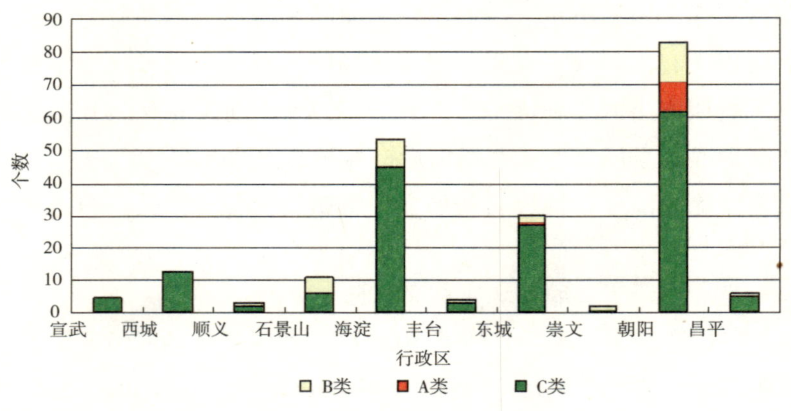

图4-29　各区出租汽车服务场所数量对比图

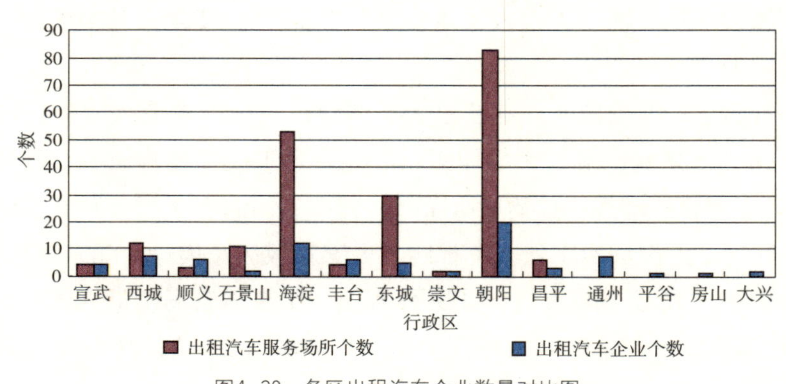

图4-30　各区出租汽车企业数量对比图

4.5.3　出租汽车奥运赛时调度指挥体系

奥运赛时出租汽车调度指挥体系是赛时交通指挥体系的组成部分，是赛时交通指挥体系中出租汽车调度指挥的细化。根据赛时交通指挥体系（图 4-31），按照分类方案制订了出租汽车奥运赛时调度指挥体系，如图 4-32 所示。

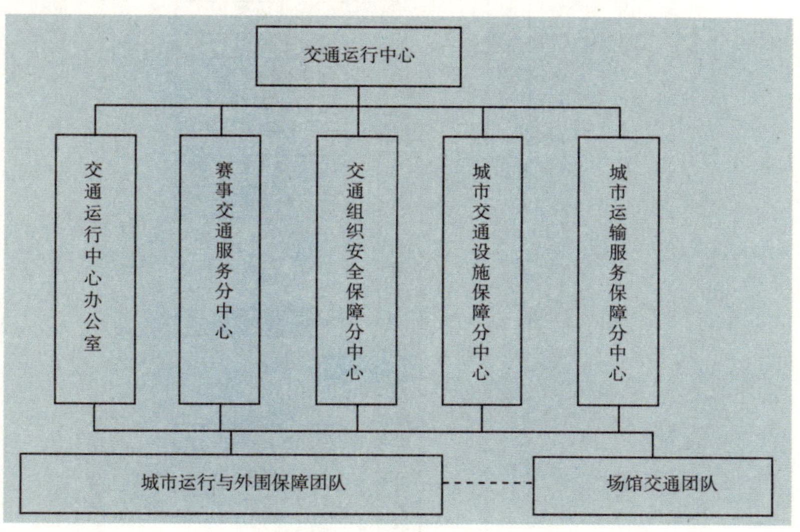

图4-31　奥运赛时交通指挥体系

北京市运输管理部门主管领导为出租汽车奥运赛时调度总指挥，负责协调奥运赛时出租汽车运行中出现的各种紧急情况。

北京市运输管理部门主管出租汽车的行业处室为调度指挥办公室，同时各区管理处或交通局共同负责管理赛时出租汽车运行各项事务，并向上级汇报出租汽车运行状况，接收和处理上级下达的各种临时性任务，同时负责监督管理，协调实施过程中出现的各种问题，与各场馆交通团队和外围保障团队建立联系，实时掌握需求变化情况，并将相应的信息及时传达至各服务场所具体责任的出租汽车公司。

各出租汽车公司为赛时出租汽车运行具体实施单位，负责所属服务场所出租汽车需求的调度组织，接受并处理上级（办公室、各区处和交通局）及所管辖场所的各种出租汽车需求，并定期向上汇报运行情况。

对于 C 类场所，同样采用属地负责管理模式，由各区管理处或交通局组织中小企业分类提供服务，由各区管理处或交通局出面协调各签约饭店或独立训练馆，解决办公用地、司机如厕和吃饭等问题，以解除司机的后顾之忧。

按照当时出租汽车服务水平摸底调查情况，将 C 类场所分成一类、二类和三类三种情况，均提供电话约车服务。其中一类场所以“自然保点”为主要形式，同时指定企业负责应急（一家企业负责多个一类场所）服务；二类场所以“自然保点”和出租汽车企业派车相结合的形式（一家企业负责几个二类场所）；三类场所采用场

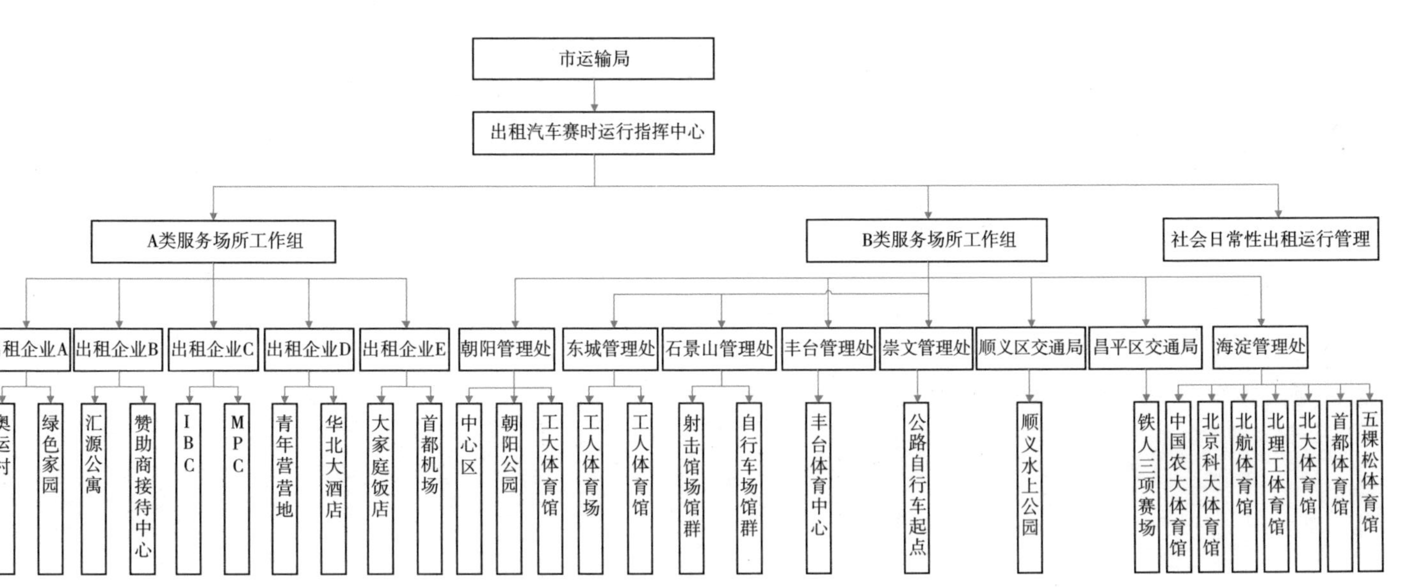

图4-32 奥运赛时A、B类服务场所出租汽车调度指挥体系

馆保点形式提供服务（一家或几家企业负责一个三类场所）。具体方案由各区管理处或交通局根据本区企业和 C 类场所的实际情况制订相应的服务保障方案。

4.5.4 奥运赛时出租汽车运行管理

4.5.4.1 奥运赛时出租汽车服务标准

为使奥运赛时出租汽车提供更好的服务，参照 IOC《交通技术手册》（Technical Manual on Transport）中关于交通服务水平的有关描述，制订以下奥运赛时出租汽车服务标准。

（1）出租汽车服务运行日期。对于 A 类（非竞赛场馆）服务场所和 C 类（独立训练馆及签约饭店）服务场所，保点出租汽车服务日期为整个奥运会或残奥会期间前后各增加 3 天（奥运会为 8 月 6 日 ~ 8 月 27 日，残奥会为 9 月 3 日 ~ 9 月 20 日）；对于 B 类（奥运比赛场馆）服务场所，保点出租汽车服务日期为有赛事活动的日期。

（2）每个运行日的服务开始与结束时间。对于 A 类（非竞赛场馆）服务场所和 C 类（独立训练馆及签约饭店）服务场所，保点出租汽车每个运行日的服务时间为 8：00 ~ 21：00；对于 B 类（奥运比赛场馆）服务场所，保点出租汽车每个运行日的服务时间为比赛开始前 1h 至比赛结束后 1h。

（3）服务响应时间。奥运赛时各出租汽车服务场所均提供电话约车服务，电话约车响应时间在五环路内场所为 30min 之内，五环路外场所为 1h 内。

（4）车辆及驾驶员。要求保点服务出租汽车干净整洁，符合环保要求。要求驾驶员着装整洁大方。如条件允许，建议统一着装。

（5）调度手段。奥运赛时出租汽车服务车辆调度手段主要有 GPS 和手台。服务场所周边利用手台进行通讯，外围车辆调度主要利用 GPS 调度系统。

（6）语言支持。所有服务场所均需要志愿者，每个服务点 1 ~ 2 名志愿者，其中有 1 名志愿者可以提供语言支持服务。

4.5.4.2 奥运赛时场馆周边出租汽车通行政策

交通技术手册或奥组委相关文件未见关于出租汽车通行政策的叙述，参照《好运北京体育赛事交通运行通用政策》中场馆交通通行政策，关于出租汽车的通行政策叙述如下：

“有组织的保点出租汽车可进入场馆区，在安保封闭线外设置的出租汽车临时停靠点停放。载有持注册证件人员的无证出租汽车可以进入场馆区内落客，但落客后须迅速驶离。”

4.5.4.3 轮班时间间隔

奥运会期间，建议采取轮班保点方式，缩短单车驻守时间，减轻出租汽车企业和驾驶员压力，以维护行业稳定，同时体现共同参与的理念。保点出租汽车轮班具体时间间隔由各区管理处，交通局及具体负责企业根据具体场所的服务日期和每个运行日的开始和结束时间自行确定。

4.5.4.4 出租汽车组织调度管理

奥运会期间，企业、各区处或交通局均应安排专人负责调度组织管理各保点出租汽车点，对于A类和B类场所奥组委还应该指定专人负责出租汽车需求的统计和发布，与外围的出租汽车点负责人一对一联系，只有此负责人提出的出租汽车需求才派车前往。

同时对于有多个保点出租汽车点的场馆群，应指定一个可以调配各点车辆的负责人，以应对需求的不平衡，提高运行效率。

4.5.4.5 出租汽车车证管理

各保点出租汽车点应该有一定数量的统一出租汽车车证，只有持证的空驶出租汽车才能进入场馆区。车证统一由负责人管理，出租汽车在轮班结束时必须把车证交给管理人员。奥运会期间，奥组委交通部共印制场馆外围保点出租汽车通行证5000张。

4.5.5 各服务场所赛时出租汽车服务方案

由于篇幅所限，本章对每一类场所以一个具有代表性的场馆说明赛时出租汽车服务方案考虑的内容。

4.5.5.1 A类场所赛时出租服务方案

以北京饭店及贵宾楼（奥运总部饭店）为例。

（1）场馆概况。北京饭店及贵宾楼位于北京市东城区东长安街33号，地处北京繁华商业地带——王府井步行街附近。始建于1900年，至今已有百年的历史。北京饭店于2001年荣升为五星级酒店。北京饭店及贵宾楼为2008年北京奥运会非竞赛场馆之一，被指定为2008年北京奥运会的“奥运大家庭总部饭店”，在奥运赛事阶段，为国际奥委会提供食宿服务。

（2）赛时出租方案。北京饭店日常出租汽车待客区位于北京饭店东门外广场上，接客后出租汽车沿王府井大街南行，可右转（长安街）或直行（台基厂大街）。但是由于奥运赛时东门外广场部分划入安保区范围，部分用作T3群体的上下客点，考虑到奥运赛时北京饭店及贵宾楼为总部饭店，各种大家庭车流辆大而频繁，建议保点出租汽车屯车及上下客点均设在马路对面东方新天地西南侧辅路（载客后可沿王府井大街北行或调头南行）上和南河沿大街南口西侧（载客后沿南河沿大街南行）。

奥运赛时保点出租汽车上下客点、屯车区及组织流线如图4-33所示。

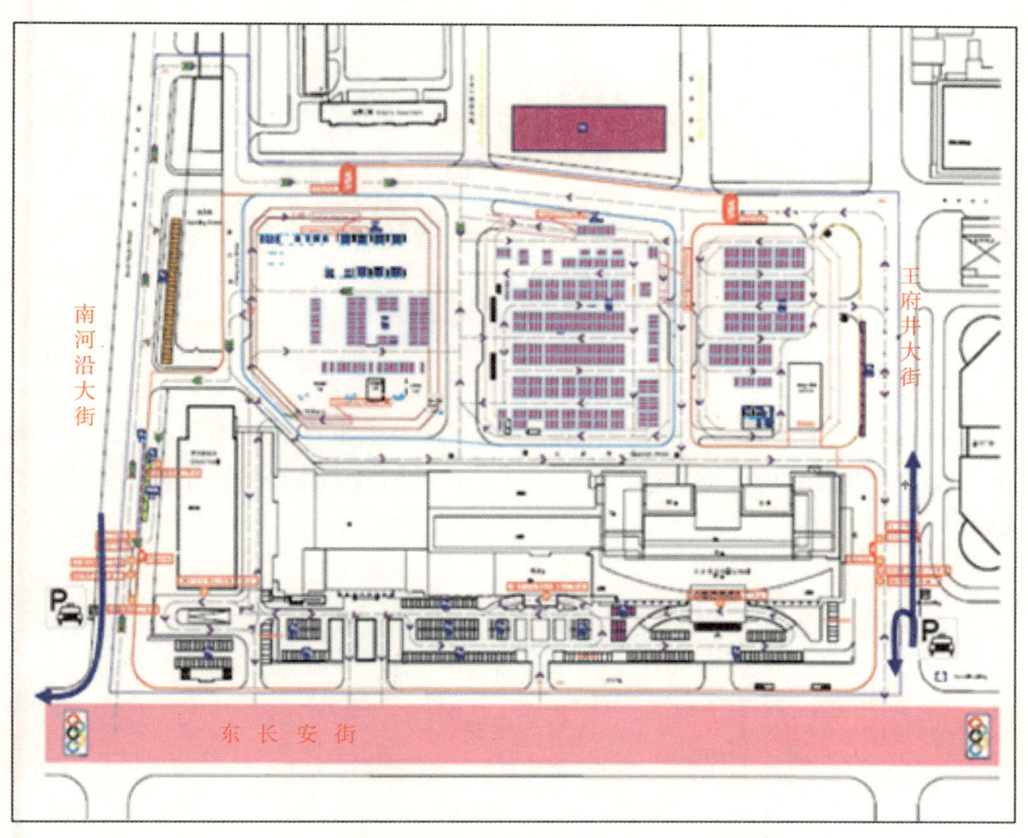

图4-33　北京饭店出租汽车上下客点、屯车区及组织流线图

4.5.5.2　B类场所赛时出租汽车服务方案

选择奥林匹克公园作为B类场所的典型代表，通过其组织方案说明B类场所赛时出租汽车服务方案的主要考虑因素。

（1）奥林匹克公园中区方案。中区拥有国家体育场、国家体育馆、国家游泳中心和会议中心击剑馆4个B类场所和IBC、MPC、赞助商接待中心和奥运村4个A类场所。

① 国家体育场。国家体育场出租汽车屯车区及上下客点位于北辰东路同南一路交叉口处西侧辅路北面，载客后直行右转后沿北四环路西行，出租汽车点见图4-34。

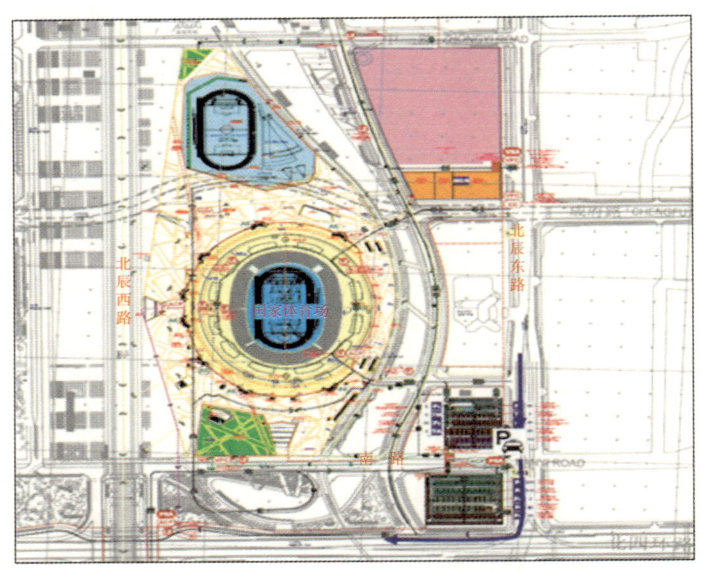

图4-34　国家体育场出租汽车服务方案图

② 国家体育馆。国家体育馆出租汽车屯车区及上下客点位于北辰西路东侧辅路边，数字大厦西北角方位，载客后沿北辰西路北行或调头南行，出租汽车点见图4-35。

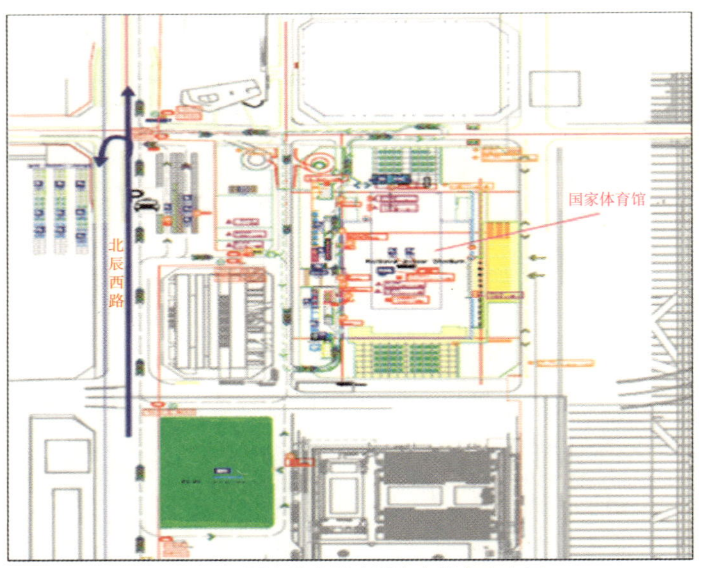

图4-35　国家体育馆出租汽车服务方案图

③ 会议中心击剑馆。会议中心击剑馆保点出租汽车设置与国家体育馆相同。

④ 国家游泳中心。国家游泳中心出租汽车屯车区及上下客点位于北辰西路东辅

路，安检口北侧，载客后沿北辰西路北行，出租汽车点如图 4-36 所示。

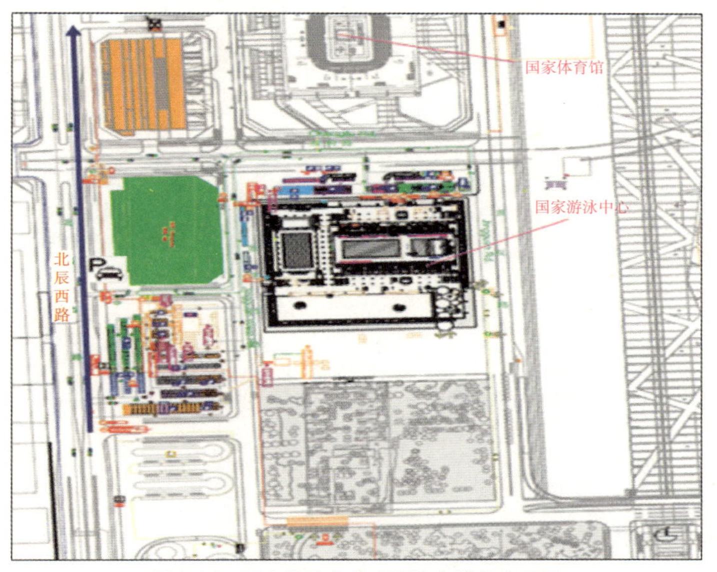

图4-36　国家游泳中心出租汽车服务方案图

（2）奥林匹克公园北区方案。奥林匹克公园北区主要有射箭场、网球中心和曲棍球 3 个 B 类场所，设有 1 个大家庭出租汽车点，位于域清街东段北侧，载客后沿白庙村路南行，出租汽车点如图 4-37 所示。

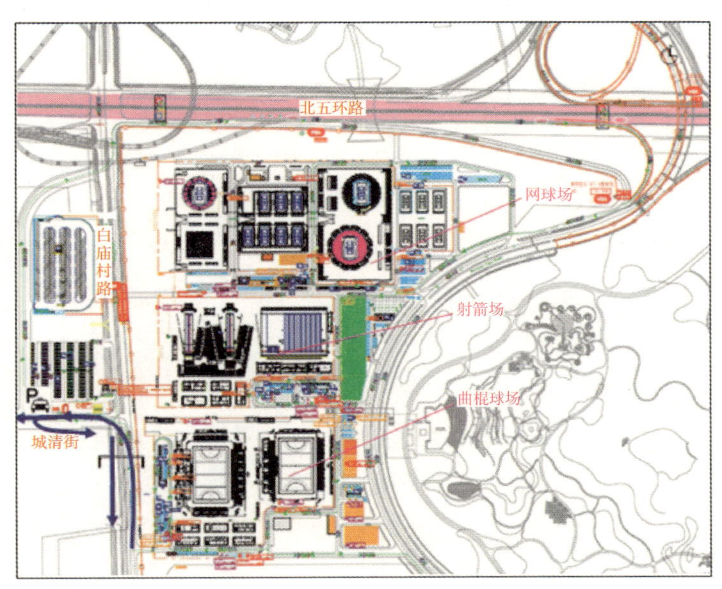

图4-37　北区出租汽车服务方案图

（3）奥林匹克公园南区方案。奥林匹克公园南区主要有奥体中心体育场、奥体中心体育馆和英东游泳馆 3 个 B 类场所，设有 2 个大家庭出租汽车点，位于奥体中心东南门东侧路南和西南门西侧路北，载客后沿安立路南行和接客后沿民族园路西行，各出租汽车点如图 4-38 所示。

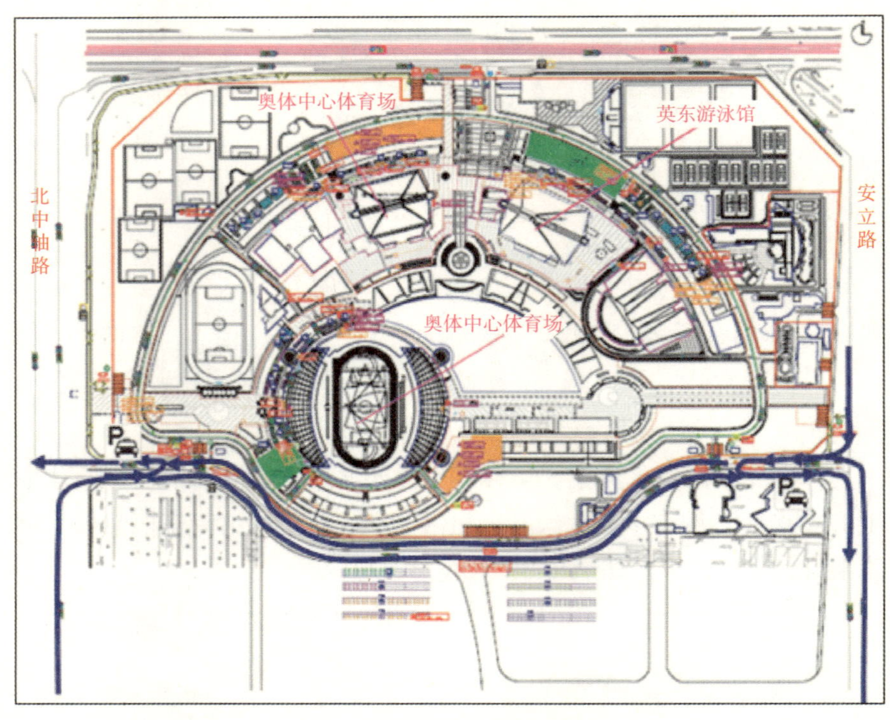

图4-38　南区出租汽车服务方案图

（4）奥林匹克公园保点出租汽车调配。为了统一调配分布在公园周边的出租汽车点，赛时各点相互支援，提高出租汽车利用效率，建议统一指挥并调度中心区所有保点出租汽车。图 4-39 为公园周边各出租汽车点相互调度线路图。

4.5.5.3　C 类场所赛时出租汽车服务方案

下面以顺义宾馆例对赛时出租汽车方案进行说明。

（1）场馆概况。北京顺义宾馆占地面积为 43786m^2，建筑面积 40162m^2，是国家旅游涉外定点三星级宾馆，赛时为注册媒体提供集中住宿服务。

（2）赛时出租汽车方案。顺义宾馆保点出租汽车屯车区及上下客点位置设在酒店门前，载客后沿府前中街西行。屯车区、上下客点位置信息及进出交通组织流线如图 4-40 所示。

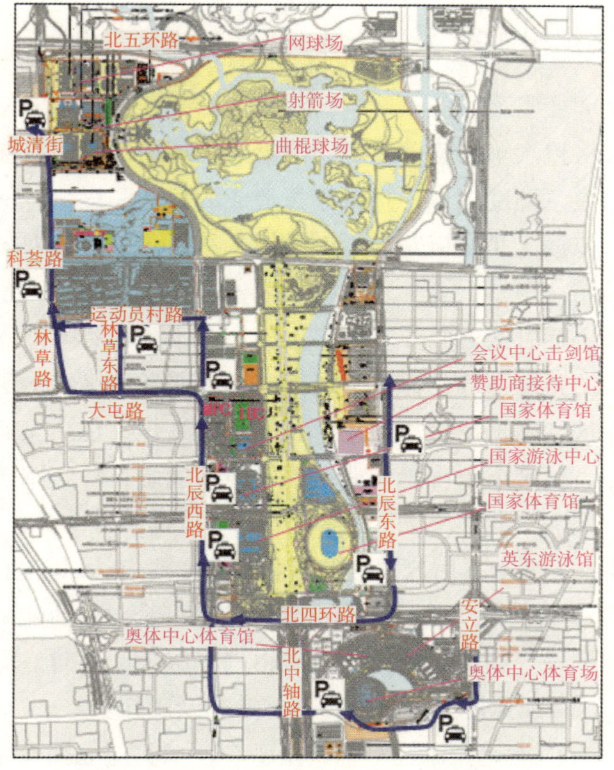

图4-39　奥运公园场馆群出租汽车服务方案图

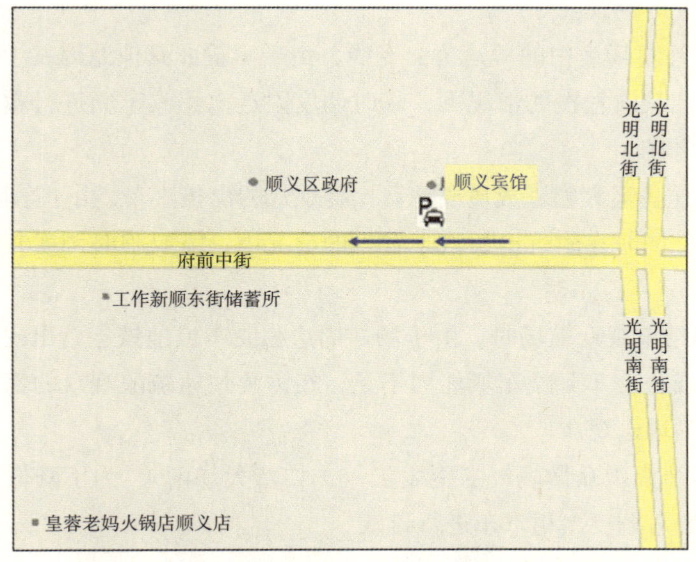

图4-40　顺义宾馆出租汽车上下客点、屯车区及组织流线图

4.5.6 应急调度组织预案

4.5.6.1 应急调度概况

提高奥运赛时出租汽车应急调度组织的能力，保证及时、有序、高效、妥善地处置奥运赛时出租应急调度事件，降低事件造成的危害和影响，保证奥运赛时奥运交通的正常运转，依据《北京市安全生产条例》和《北京市突发公共事件总体应急预案》，制订本预案。

本预案针对奥运赛时交通服务场所突发的、源于奥运赛事的、一定量的、必要的有出租汽车需求的紧急事件，保证奥运赛时交通服务水平。对于其它社会交通中的出租汽车应急需求，则根据常规的应急预案予以处理，包括交通台发布信息、叫车电话呼叫车辆等。对于出租汽车行业内部发生的应急事件，则按照行业本身的应急预案执行。

（1）应急事件。本预案适用范围内的应急事件主要包括以下内容。

① 奥运大家庭成员，由于某些原因而导致错过一个时段所发的班车，由于赛事等工作需要，需要尽快赶到指定场地，需出租汽车服务。此时，需要将出租汽车尽快调到需求现场，以保证奥运大家庭成员正常参赛及工作。

② 正在途中载客的奥运大家庭车辆，由于车辆或其他原因在路上发生事故，此时需要车辆进行救援，在其他车辆未能及时赶到的情况下，临时紧急调度在现场附近的出租汽车进行救援。

③ 正在去往赛场途中的奥运公交专线，由于车辆或其他原因发生事故时，在其它公交车辆未能及时救援的情况下，临时调度附近出租汽车辆进行救援，保证观众顺利观看奥运比赛。

④ 正在运送奥运大家庭成员或观看比赛观众的出租汽车，由于车辆及其它事故，不能继续行驶，同时在附近出租汽车较少的情况下，需要临时调度其他出租汽车辆进行支援。

⑤ 在比赛结束观众散场时，由于场馆周边公交车或地铁运营出现状况，未能准点输送观众，或公交车到站车辆能力不足，在需要快速疏散观众的情况下，需紧急调度出租汽车辆运送观众。

⑥ 在比赛结束观众散场时遇突发天气（如特大暴雨），为了降低老弱病残群体的候车时间，紧急调度出租汽车进行疏散。

（2）工作原则。

① 以人为本、科学决策。发挥政府公共服务职能，把保障赛时奥运交通顺利进行、最大程度地减少事故造成的损失放在首位。运用先进技术，充分发挥专家作用，实行科学决策。

② 统一指挥、分级负责。在市政府统一领导下，由运输管理部门牵头负责，各出租汽车公司按照各自的职责分工和权限，负责有关事件的应急处置工作。

③ 属地为主、分工协作。应急调度事件处理实行属地负责制，运输管理部门是处置紧急事件的主体，承担处置的首要责任。各出租汽车公司依据已分划的应急地区，针对应急事件的发生位置，实行属地负责制，同时其他出租汽车公司密切协作、整合资源、信息共享、形成合力，保证应急事件及时准确传递、快速有效处置。

（3）应急地区分级。应急地区按交通服务场所进行分级处理。按照所有场所服务奥运会的不同程度，将其进行分级：

将 8 个非竞赛场馆，以及歌华开元大酒店设为 A 类服务场所，即满足 24h 应急需求；

将 31 个比赛场馆设为 B 类服务场所，在一般情况下满足应急需求。在 A 类服务场所出现较多应急事件时，以 A 类服务场所为重点，B 类服务场所尽量满足；

其他服务场所的应急事件作为社会应急事件处理。

4.5.6.2　指挥体系及工作职责

为保障奥运会交通和社会交通的和谐运转，成立了奥运赛时交通指挥部，并有相应的交通应急组织机构。出租汽车交通作为奥运赛时交通的一部分，其指挥体系必须服从于奥运赛时交通指挥体系。同时，出租汽车应急调度指挥体系要和交通应急组织机构对接。

（1）运输管理部门设立处置奥运赛时出租汽车应急调度组织指挥部，统一指挥全市奥运赛时应急调度组织工作。

① 指挥部组成。

总指挥：分管副局长；

副总指挥：出租行业管理处负责人、各区管理处或交通局负责人；

成员：运输管理部门的办公室、法制处、协调处、服务场所保障团队成员、交通团队成员、各出租汽车公司负责人。

② 主要职责。

统一组织、领导、指挥、控制奥运赛时出租汽车需求应急处置工作；决定事件处置决策和应对措施，指挥、协调相关出租汽车公司组织实施并加强监督；负责向上级交通应急办汇报出租应急事件发生、发展及处置工作情况。

（2）各出租汽车公司设立处置奥运赛时出租汽车应急调度组织办公室，接受并处理指挥部下达的应急调度组织任务，组织本公司奥运赛时出租汽车备班车辆前往应急发生地，并向指挥部报告处理情况。

4.5.6.3 奥运赛时出租汽车应急调度组织处理流程如图4-41、图4-42所示。

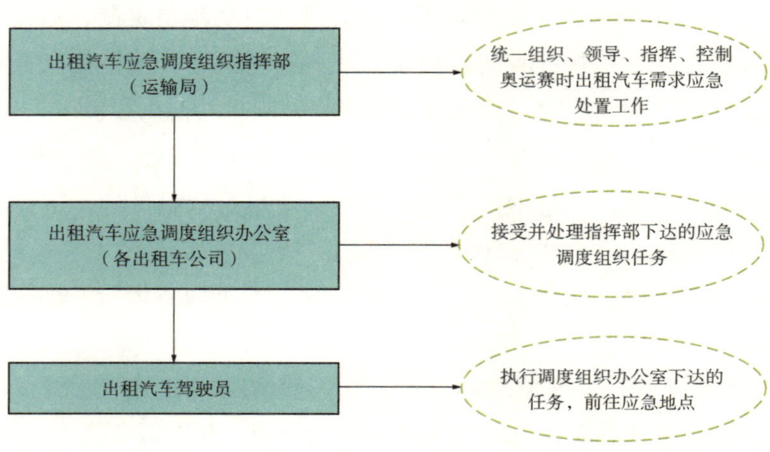

图4-41 出租汽车应急调度组织指挥体系

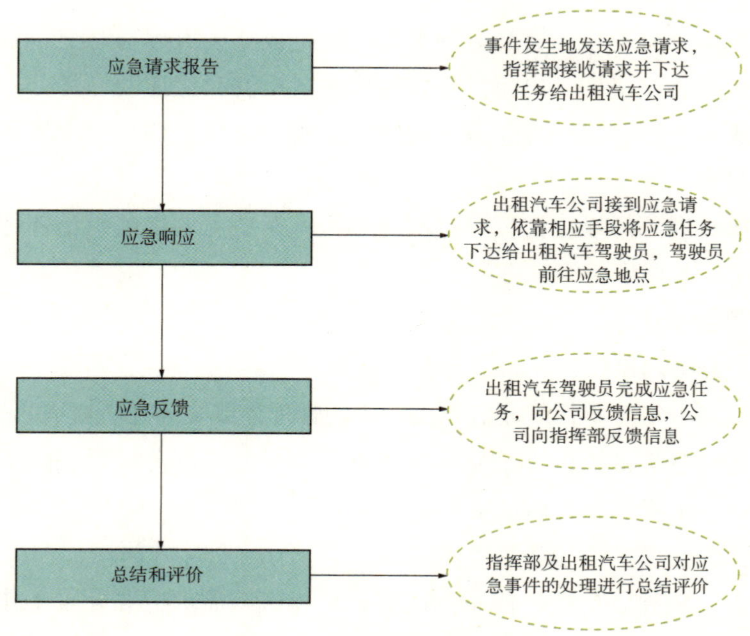

图4-42 出租汽车应急调度组织处理流程

（1）应急请求报告。事件发生地的外围保障团队或者交通运行团队将事件发生时间、发生地点、出租汽车需求规模、发生的原因等报告给指挥部，指挥部做好记录，并根据所在地位置将信息下发至具体负责的出租汽车公司处理应对，同时向交通应急办报告有关情况。

（2）应急响应。出租汽车公司应急调度组织办公室收到指挥部下达的任务后，根据需求立即调度相应规模的备班车辆前往事发地。如遇出租汽车公司备班车辆不能满足需求，应急调度组织办公室在接受任务时应该将不足部分告知指挥部，由指挥部协调其他出租汽车公司予以解决。

（3）应急反馈。应急车辆到达应急地点，并完成应急任务后，向应急调度组织办公室反馈信息。办公室向指挥部上报信息，表示应急任务完成。

（4）总结和评价。对事件处理情况进行及时的总结和评价，分析出租汽车需求特点，以便更好的应对需求突发事件。

4.5.6.4　奥运赛时出租汽车应急调度组织保障措施

（1）应急技术保障。指挥部逐步建立和完善出租汽车应急调度组织指挥基础信息数据库，包括指挥部成员基本情况、各出租汽车公司应急调度组织办公室情况、各出租汽车公司应急备班车辆情况、应急请求报告格式、应急请求转发记录等信息。

（2）应急车辆保障。各出租汽车公司应该根据指挥部规定的备班车辆数安排本公司的车辆备班，确保奥运赛时出租汽车应急车辆需求得到满足。

（3）应急通信保障。指挥部各成员及出租汽车公司应急调度组织办公室电话24h开机，并有专人值班，保证信息及时畅通。

4.5.6.5　奥运赛时出租汽车应急调度组织信息管理

（1）信息监测。在奥运赛时出租汽车重点服务场所，指挥部成员中必须有专门的人员监测出租汽车即时需求变化信息，根据场所不同，信息监测员可以由外围保障团队成员、交通团队成员兼任，也可以是指挥部指派专人负责。

（2）信息上报。当信息监测员监测到出租汽车需求不能得到及时满足时，应立即向指挥部上报出租汽车需求信息，信息具体内容见应急请求报告部分。

（3）信息发布。指挥部收到信息监测员上报的信息后，根据处理程序对其进行应急响应。同时可以定期通过交通台、电视、报纸等媒体发布一些经常性不能满足需求的出租汽车服务场所，让出租汽车司机事先知道这些信息，以便市场自行调节供需，减小应急保障的压力。

（4）信息记录。信息上报、信息下达等各个环节必须对信息的来源、内容、去向、时间等具体信息有所记录和整理，以便事后总结需求规律及追查责任使用。

4.5.6.6 奥运赛时出租汽车应急调度宣教、培训和演练

（1）宣传教育。指挥部负责奥运赛时出租汽车服务有关知识的整理，会同各出租汽车公司联合对工作人员和出租汽车司机等进行宣传和教育，让其充分认识到奥运赛时出租汽车服务的重要性，同时熟悉应急调度组织相关事项。

（2）培训。指挥部负责组织成员开展面对奥运赛时出租汽车应急调度组织相关知识培训，将应急指挥、综合协调等作为重要内容，以增强应对奥运赛时出租汽车服务应急调度组织的知识和能力。

（3）演练。为了更好地服务于赛时，需要对应急调度组织预案进行相应的演练，可以利用奥运测试赛等对其进行实践演练，以便对方案及时完善补充。

5 规划方案的评估与优选

5.1 规划方案评估的必要性

奥运交通规划是一个复杂的体系，它涵盖了宏观、中观、微观各个层面，涉及基础设施供给规模、布局、系统运行组织、服务方式、应急保障等多个不同领域。组成这一体系的各个单项规划相互依存又相互制约。不仅如此，各项交通规划又都受到交通系统之外的其他相关规划制约。因此，无论是宏观层面的还是微观层面的规划，都存在许多难以决断的前提条件和边界条件。这就决定了每一项规划无论是目标还是对策方案都有多重可选择性或不确定性。所以，无论编制哪种类型的方案，都难以一蹴而就。研究和编制规划方案的过程,实际上就是一个“草拟方案——评价、比选——修订”不断往复迭代的过程，任何方案的最终确定都离不开方案评估。

交通规划方案的评估基于大量数据的调查、观测，不同功能层次和类别的交通模型分析手段对交通方案实施后可能产生的效果进行事前评估，以帮助规划人员优化方案，辅助决策者进行科学决策。

交通方案的评估实质是对规划目标选择、实现目标途径的可行性以及实施代价与风险的评价与权衡。无论哪个层次的交通规划方案做不好都会带来严重的后果。宏观层面交通规划确定交通发展战略，决定交通投资、基础设施的布局，影响城市总体的发展。例如奥运会的交通战略规划，如果战略定位不准确，过高估计奥运会交通的需求，在奥运交通方面投入过量资金，可能导致投资效率不高、城市总体发展受到影响；在政策方面过分向奥运会倾斜可能导致城市正常生活受到很大影响。如果对奥运会交通需求估计不足，可能导致达不到奥运交通服务标准，影响奥运会顺利召开，影响国家的整体国际形象。微观层面的交通规划方案往往决定了局部交通的安全、秩序和效率。例如场馆周边的交通组织方案，对于奥运会这种短时间内大量人流集散的大型活动，不进行精心的设计和安排，有可能出现人车流混杂、交通秩序混乱，甚至可能出现踩踏事故等严重事件。所以无论哪个层次的交通规划方案，都需要进行详细的论证，全面的交通评估。

5.2 交通规划方案评估的方法与技术手段

5.2.1 评价指标体系

对于不同层次、不同类别的交通规划方案要有针对性地建立评价指标体系。指标体系中各项指标的筛选以及指标权重的确定取决于该项规划所要实现的目标。因此，不同层次和不同类别的规划，其评价指标体系也是完全不相同的。至于指标合理阈值的确定以及指标的标定方法，则要依靠大量的理论或经验数据支持。

例如，在 2.2 节中述及的宏观战略规划的目标是在交通运行维持合理服务水平前提下，要做到资源消耗和环境影响最小，并尽可能满足多层次差异性出行需求。根据这一目标要求，选择“市区高峰小时行程车速”、“高峰小时路网负荷度”以及“交通投资总额”等作为主要评价指标。并根据北京市的资源、环境条件和交通需求实际状况设定了各项指标的合理阈值。

在 4.3.4 节中述及的奥运专用道规划的目标是评价奥运交通组织及需求管理方案是否能保证奥运出行安全、可靠与快捷，对社会交通的影响。所以选取专用道饱和度、速度、出行时间和周边路网及关键节点负荷水平作为评价指标。

在 4.4.6 节中述及的奥运公交专线规划的主要目的是为了弥补场馆周边公交运力和方向上的不足，所以应重点关注场馆周边公交运力是否足够、观众是否可以方便、快捷的到达比赛场馆。根据这一目标要求，选取了“高峰小时场馆周边公交负荷度”、“途经场馆的公交线路覆盖的道路里程”、“抵离场馆的平均出行时间”等指标。

微观层面的交通规划方案可能更多地关注局部路段或关键节点的通行能力、饱和度、人流疏散效率和有序性、车辆行驶延误等指标。

5.2.2 模型体系

要建立一套适合不同层次交通规划评价需要的规划模型体系，包括需求预测模型、宏观交通规划模型、中观（局部区域）交通规划模型以及微观交通动态仿真模型（包括人流仿真模型）。

不同层级的模型应用于不同阶段、不同类别的交通规划评估。战略规划和全市域的交通基础设施网络规划等主要运用宏观交通规划模型。某些单项规划（例如：公交专线网规划、奥运专用道规划）的评估则需要利用中观层级的规划模型完成，而涉及局部地区交通组织设计的方案（例如：场馆交通运行方案、开幕式交通运行方案等）则要依靠中观规划模型与微观动态仿真模型相结合的手段完成。

各层次交通模型之间相互嵌套、动态关联，宏观交通模型的计算结果作为中微观交通仿真的输入；实时评估系统提供的结果反馈到静态模型，有助于模型进一步修正。历经 7 年的时间，北京建立了从宏观模型、中观模型到微观模型、人流仿真模型的全面的模型体系（图 5-1），为奥运交通规划在技术上提供坚实的保障。

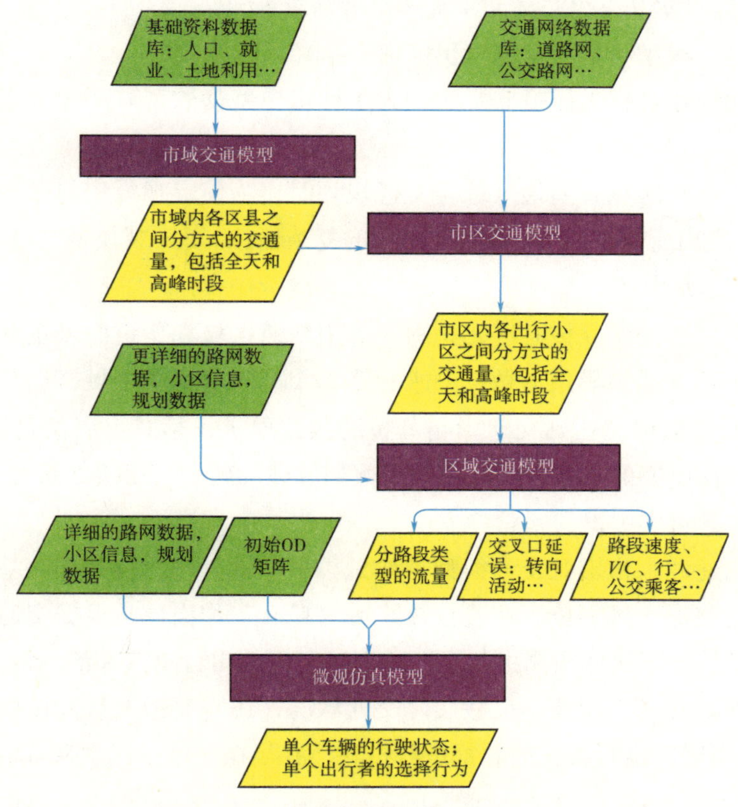

图5-1　北京市交通规划模型框架图

5.2.3 宏观交通模型[1]

5.2.3.1 模型原理及结构

北京奥运宏观交通模型包括需求模型和供给模型，二者相互作用，需求模型根据供给模型交通分配计算的交通供给水平和路网流量分配结果对交通出行产生、出行分布以及方式选择进行调整，需求模型和供给模型这样循环迭代直到供需双方达到平衡收敛，使得交通系统最终达到一个平衡的状态。

交通需求模型包括三个子模型：活动模型，目的地选择模型，和 LOGIT 方式选择模型，分别对应于四阶段模型中的出行生成，出行分布和方式划分三个阶段。

供给模型包含交通供给系统的相关交通网络数据（包括交通小区，道路路段、道路节点和公交站点,公交线路等）和交通分配模型。供给模型以交通需求（OD 矩阵）和交通网络数据作为输入，使用交通规划软件的各种交通分配模型对交通系统进行分析和评价。根据交通分配结果来计算交通量和服务指标（如行程时间，公交换乘次数等）。详见本丛书之二《北京奥运交通需求》。

5.2.3.2 模型构建过程及模型标定

模型的构建过程工作量非常大，为了标定模型参数，需要做大量的调查和校核工作。

在进行奥林匹克公园地区综合交通规划时，为使宏观模型与微观模型能够紧密联合，同时突出研究重点，降低研究工作的复杂性，针对宏观模型与微观模型的特点，将模型研究区域分为三个层次（图 5–2）。

第一个层次是研究核心区，是图 5–2 中绿色区域和紫色区域重合部分，数据详细程度基本达到微观模拟的数据要求；第二个层次是绿色区域，也是该项目的研究区域，数据详细程度达到交通影响分析的数据要求；第三个层次是图中蓝色区域，为该项目模型研究的扩展区域，使模型数据由详细到相对粗略之间有一个过渡区域，避免由于差异过大引发的问题。

为了构建北京市宏观交通模型需要做很多基础工作，包括建立基础路网及公交网络；进行交通小区划分，调查校核小区人口和工作岗位，根据交通小区人员分组及各组人员的特征属性预测由各小区的人口产生的出行总量和活动链数目等。

为了保证宏观模型能够反映实际交通状况，还需要做大量的校核工作，结合北京市 2000 年居民出行调查的数据进行校核，并根据年度小样本调查的数据不断修正

[1] 本节主要内容及图表来自北京交通发展研究中心组织编制的《奥林匹克公园综合交通规划》。

模型。校核主要包括以下几个方面。

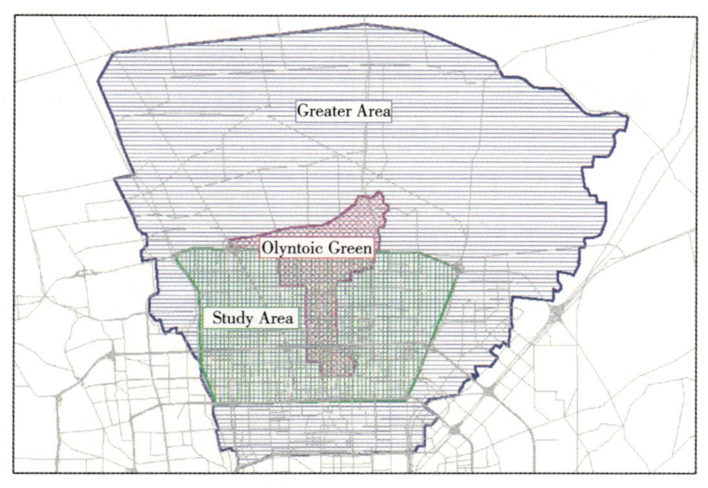

图5-2 奥运公园地区综合交通规划模型研究区域示意图

（1）交通方式分担。经过模型运算后，所得到的交通方式分担的比例与2000年《北京市城市交通综合调查总报告》统计结果见表5-1。

表5-1 宏观交通模型中居民出行交通方式校验结果与调查结果对比表

交通方式	模型结果		《北京市城市交通综合调查总报告》统计结果	
	出行量（万人次）	交通结构（步行方式除外）（%）	出行量（万人次）	交通结构（步行方式除外）（%）
小汽车	441.90	23.1	441.10	23.2
出租汽车	165.59	8.7	166.26	8.8
公共交通	507.71	26.5	503.16	26.5
班车	59.96	3.1	56.94	3.0
自行车	737.84	38.6	730.54	38.5
总计	1 913.00	100	1 898.00	100

（2）出行目的构成。经过模型运算后，所得到的居民出行目的构成与2000年《北京市城市交通综合调查总报告》统计结果见表5-2。

表5-2　宏观交通模型中居民出行目的构成校验结果与调查结果对比表

出行目的	Visem&Visum模型结果（%）	《北京市城市交通综合调查总报告》统计结果（%）
回家	45.9	42.8
上班	29.7	22.2
上学	5.2	6.7
购物	7.2	7.5
生活文化娱乐	8.4	8.9
工作外出	3.6	3.5
回程	—	2.7
其他	—	5.7
总计	100.0	100

（3）核查线交通流量检验。根据北京市 2000 年核查线调查结果，将调查数据输入模型，并将模型机动车分配流量与核查线调查结果进行了对比（图 5-3）。

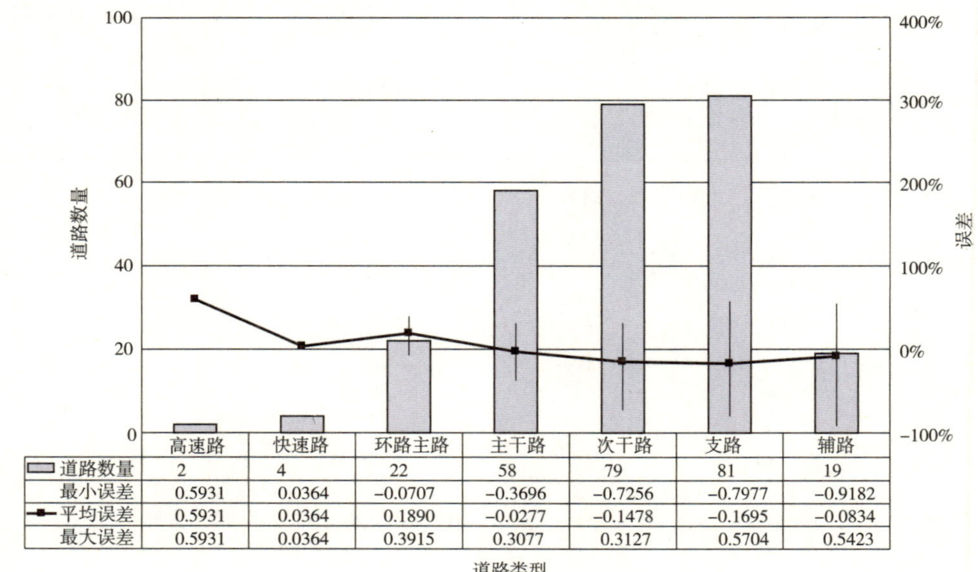

图5-3　宏观交通模型核查线调查地点机动车分配结果与调查结果对比图

（4）小时道路交通量检验。模型计算道路机动车交通量小时比例系数与实际调查结果对比如图 5-4 所示。

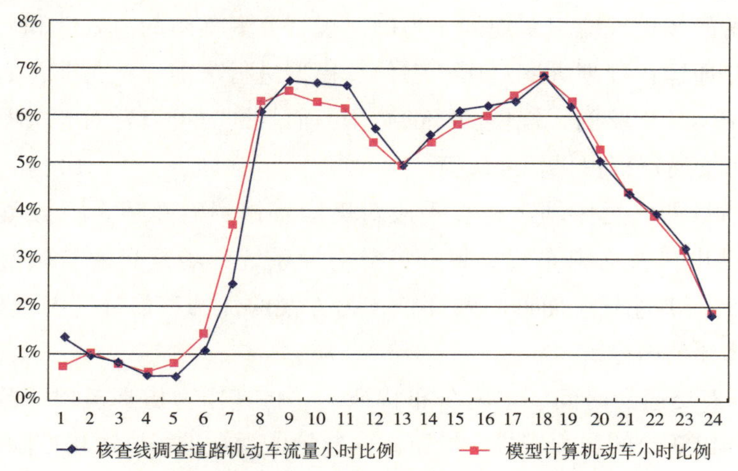

图5-4　模型计算道路机动车交通量小时比例系数与实际调查结果对比图

（5）出行距离校验。出行距离的校验主要通过不断修正交通分布模型中的参数来实现。将模型运算得出的各人群分目出行的出行距离分布，并与实际居民出行调查的距离分布进行对比，根据对比的情况校正参数（图 5-5 展示了有车工作者上班出行距离校验的情况）。

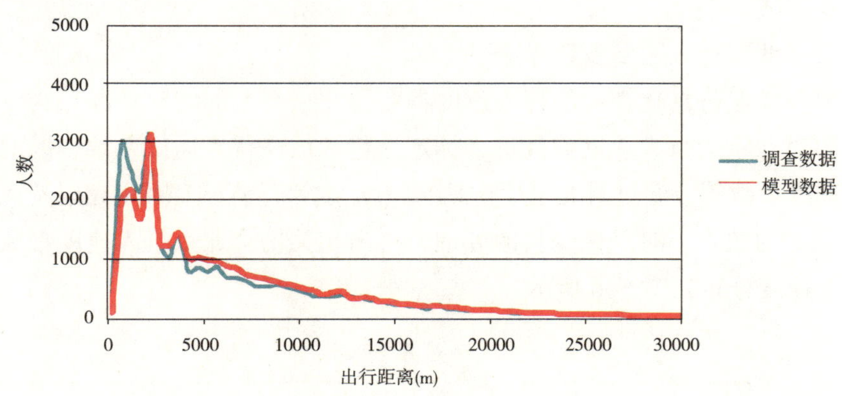

图5-5　有车工作者上班出行距离校验图

5.2.4　行人仿真模型

借助成熟的行人仿真软件，通过建模，对场馆高峰日的行人组织方案进行仿真评价，发现存在的问题，并提出改善建议成为北京奥运辅助决策的重要形式。

5.2.4.1　仿真评估的目的及主要内容

奥运观众具有高强度聚集的特征，为保障奥运场馆运行的安全、有序、顺畅，必须进行缜密的场馆人流组织规划。为确保规划方案实施的有效性和可靠性，降低运行风险，交通运行规划方案运用动态仿真模型进行事前评估是非常必要的。不仅可以节省用于实际检验的大规模演练的费用，而且同时可以针对有关赛程安排、安检规划及场馆交通运行提供辅助决策。

（1）评估目的。运用动态仿真手段对奥运场馆赛时总体运行方案（包括各种车流、人流进出口及通道布置、观众集散引导系统、场馆交通与城市交通服务网络的接驳方案等）进行全面诊断和评估，为方案的优选和修补完善提供技术支持。

（2）具体评估内容。

•分析行人交通的时间、空间分布特征，并将其作为仿真模型的数据基础。其中包括奥运场馆活动的赛程安排、场馆座位数量、观众进场、散场期间的集散特性。

•根据行人交通流特性、行为特性，标定仿真平台关键参数。

•将方案背景和行人交通特性参数集合，形成奥运场馆行人交通仿真模型，确定关键地点和分析指标，通过量化的仿真结果，分析方案运行效果，为行人交通组织方案的比选提供决策依据。通过量化的手段，有效地提供方案优化。

•对进场阶段行人的到达规律、安检通道的通行能力、场馆疏散时间、通道能力进行仿真测试。

5.2.4.2　北京行人速度参数标定

由于国外专业仿真软件中的行人速度参数与北京行人的实际情况存在差异，因此首先需要对北京的行人速度参数进行标定，包括地铁行人速度参数、大型活动入退场行人速度参数等。通过对北京地铁站、“好运北京”测试赛及中超联赛入退场现场等场合采集的数百小时录像资料的处理，得出相关场合北京行人速度参数。北京地铁站行人速度分布如图 5-6 所示。

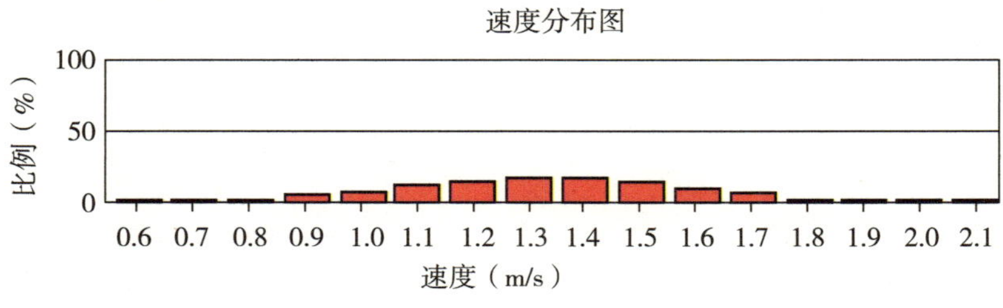

图5-6　北京行人速度构成图

5.2.4.3　观众入退场时间分布

在悉尼及雅典奥运会相关经验的基础上，通过对周华健演唱会、中超联赛及“好运北京”测试赛等大型活动展开专项调查，总结出中国大型活动观众抵离时间分布规律，详细情况参阅本丛书之二《北京奥运交通需求》的相关内容。

5.2.4.4　仿真模型参数标定

在奥运场馆仿真模型构建中，除行人参数及入退场时间分布等参数外，还需要对场馆周边交通设施、行人类别、区域划分、交通组织方案、服务水平等模型中所涉及的参数进行标定见表 5-3。

表5-3　奥运场馆仿真模型参数标定具体内容表

参数名称	具体内容
交通设施	人行步道、斑马线、天桥、地道、电梯、楼梯、公交站台等
行人类别	观众、工作人员及志愿者，分携带大包、中包及小包不同类别
区域划分	观众活动区域、工作人员及志愿者活动区域、排队区、等候区行进区等
交通组织方案	各种交通方式到达区域、安检口、场馆出入口
服务水平	拥挤程度、售票服务时间、检票时间、安检时间、存包时间等

图索引

图 1-1　奥运交通规划体系层次结构 ……002
图 2-1　战略方案设计思路……014
图 2-2　2010 年高峰小时道路机动车流量预测图 ……021
图 2-3　2010 年高峰小时地面公交客流量预测图 ……021
图 2-4　2010 年高峰小时道路机动车车速预测图 ……021
图 2-5　2010 年高峰小时道路机动车负荷度预测图 ……022
图 2-6　2010 年高峰小时轨道交通客流预测图……022
图 2-7　2010 年道路高峰小时等时线图 ……022
图 3-1　中心城道路网规划图……025
图 3-2　中心城轨道交通线网远景规划图……029
图 3-3　2020 年中心城轨道交通线网规划图……030
图 3-4　2015 年轨道交通线路规划 ……030
图 3-5　6 条郊区线路（S1 ~ S6）规划位置图……031
图 3-6　市域快速公交走廊规划示意图 ……032
图 3-7　干线公路网规划 ……035
图 3-8　干线公路网（技术等级规划）……035
图 3-9　北京铁路枢纽规划图……040
图 3-10　首都机场进出港集散交通网络规划图 ……042
图 3-11　场馆交通设施规划工作流程技术路线图 ……044
图 3-12　规划地区区位 ……045
图 3-13　规划范围示意图……047
图 3-14　奥林匹克公园平面示意图 ……047
图 3-15　项目技术路线图……048
图 3-16　规划方法与过程……049
图 3-17　2010 年奥林匹克公园分方向日出行需求 ……050

图 3–18　2010 年过境交通需求量……051
图 3–19　2010 年分方向的交通模式目标结构……053
图 3–20　最大道路网规划方案……057
图 3–21　奥林匹克公园主通道与节点主流向……058
图 3–22　奥林匹克公园路网规划……060
图 3–23　推荐道路网方案早高峰 *V/C*……*062*
图 3–24　推荐道路网方案早高峰流量……062
图 3–25　东西向三条主干路承担交通量图……063
图 3–26　方案 A–1（B–1、C–1 和 C–2）公交方案……065
图 3–27　奥运公园地区公交快线规划方案示意图……066
图 3–28　奥运公园地区公交普线规划示意图……067
图 3–29　公交方案规划区内速度比较……067
图 3–30　南北过境交通公交分担比……068
图 3–31　公交各方案向南方向分担比……069
图 3–32　中心区建筑出入口布置图……071
图 3–33　中心区人流主方向布置图……072
图 3–34　国家体育场散场交通组织……073
图 3–35　散场人流方量分析……074
图 3–36　奥林匹克公园中心区人行系统……075
图 3–37　五棵松场馆群周边道路情况图……076
图 3–38　五棵松场馆群周边公交站点及线路状况图……077
图 3–39　五棵松场馆群周边过街设施图……078
图 3–40　五棵松场馆群比赛日观众人流量分布图……079
图 3–41　五棵松场馆群各比赛日高峰小时观众人流量分布图……079
图 3–42　高峰日分时段观众人流量分布图……079
图 3–43　五棵松场馆群周边设施需求图……081
图 3–44　五棵松场馆群交通组织方案图……081
图 3–45　北京奥运会五棵松篮球馆行人仿真研究……082
图 4–1　奥运专用道规划“原形”方案（2004 年 11 月）……091
图 4–2　奥运专用常备路线规划方案（2005 年 12 月）……091
图 4–3　奥运专用道规划方案（2006 年 12 月）……092

图 4-4　奥运专用道规划方案（2007 年 7 月）……092
图 4-5　奥运专用道规划方案（2008 年 4 月）……093
图 4-6　初始方案奥运专用道流量分布图……099
图 4-7　不同方案奥运专用道饱和度图对比……099
图 4-8　观众需求量 16 天的分布图（按场馆区域分）……103
图 4-9　奥运公园中心区第 7 日分时段观众人流量分布图……103
图 4-10　总的出行期望线图……104
图 4-11　地铁及 BRT 示意图……107
图 4-12　奥林匹克公园临时公交场站分布示意图……109
图 4-13　奥运公交专线普线网络图……114
图 4-14　奥运公交专线快线网络图……114
图 4-15　奥林匹克中心区西部场站专线组织流线……115
图 4-16　奥林匹克中心区公交服务站位分布图……116
图 4-17　2008 年奥运会在京比赛场馆分布及场馆的分区划分……118
图 4-18　运营组织和调度模式 1 负责场馆……119
图 4-19　24h 专线与夜班车图……121
图 4-20　奥运公园中区周边公共交通需求及运力关系图……125
图 4-21　奥运公园中区途经公交线路图……126
图 4-22　奥运公园中区出行时间等时线图……126
图 4-23　北京大学体育馆周边公共交通需求及运力关系图……127
图 4-24　北京大学体育馆途经公交线路图……127
图 4-25　北京大学体育馆出行时间等时线图……128
图 4-26　五棵松场馆群周边公共交通需求及运力关系图……128
图 4-27　五棵松场馆群途经公交线路图……129
图 4-28　五棵松场馆群出行时间等时线图……129
图 4-29　各区出租汽车服务场所数量对比图……134
图 4-30　各区出租汽车企业数量对比图……134
图 4-31　奥运赛时交通指挥体系……135
图 4-32　奥运赛时 A、B 类服务场所出租汽车调度指挥体系……136
图 4-33　北京饭店出租汽车上下客点、屯车区及组织流线图……139
图 4-34　国家体育场出租汽车服务方案图……140

图 4-35　国家体育馆出租汽车服务方案图……140
图 4-36　国家游泳中心出租汽车服务方案图……141
图 4-37　北区出租汽车服务方案图……141
图 4-38　南区出租汽车服务方案图……142
图 4-39　奥运公园场馆群出租汽车服务方案图……143
图 4-40　顺义宾馆出租汽车上下客点、屯车区及组织流线图……143
图 4-41　出租汽车应急调度组织指挥体系……146
图 4-42　出租汽车应急调度组织处理流程……146
图 5-1　北京市交通规划模型框架图……151
图 5-2　奥运公园地区综合交通规划模型研究区域示意图……153
图 5-3　宏观交通模型核查线调查地点机动车分配结果与调查结果对比图…154
图 5-4　模型计算道路机动车交通量小时比例系数与实际调查结果对比图…155
图 5-5　有车工作者上班出行距离校验图……155
图 5-6　北京行人速度构成图……156

表索引

表 2-1　四种供测试的战略方案组合要素比较……015
表 2-2　四套战略方案选择的轨道交通建设规模对比……016
表 2-3　四个战略方案选择的道路网（五环路内）建设规模对比……016
表 2-4　四个战略方案选择的机动车保有量对比……016
表 2-5　四个方案 2010 年高峰小时出行结构对比……017
表 2-6　四个方案 2010 年高峰小时道路系统运行水平对比……018
表 2-7　四个方案 2010 年公共客运系统运行水平对比……018
表 2-8　主要比选指标及控制值范围……019
表 2-9　四个战略方案测评结果……019
表 2-10　推荐方案测试宏观指标统计表……020
表 3-1　中心城区道路网构成及规划指标……025
表 3-2　2020 年中心城规划客运交通结构及运力配置……028
表 3-3　规划公路客运主枢纽汇总表……036
表 3-4　规划公路货运主枢纽汇总表……037
表 3-5　民航运输量预测……041
表 3-6　奥林匹克公园场馆赛事活动及座席容量……046
表 3-7　2010 年规划指标及与 2000 年指标对比……052
表 3-8　各方案综合比较……056
表 3-9　中心区路网密度表……060
表 3-10　道路网"0"方案各等级道路指标……061
表 3-11　道路网"1"方案各等级道路指标……061
表 3-12　4 个方案的线网密度与 2000 年比较……068
表 3-13　非奥运阶段公园中心区出入交通方式结构预测……070
表 3-14　各场馆大型赛事及大型展事同时举行高峰小时人流量……074
表 3-15　五棵松场馆群周边道路情况表……076

表 3-16　五棵松场馆群周边公交站点及线路表……………………………………077
表 3-17　模式分担量预测………………………………………………………………080
表 4-1　各客户群出行时间要求…………………………………………………………089
表 4-2　各等级城市道路交通服务水平标准（HCM2000-15-3）……………………098
表 4-3　奥运公交专线汇总表……………………………………………………………111
表 4-4　场馆周边评价指标表……………………………………………………………121
表 4-5　场馆周边高峰小时需求及运力情况表…………………………………………122
表 4-6　场馆周边途经公交线路及线路覆盖道路的长度表……………………………123
表 4-7　奥运场馆周边公交的时间可达性表……………………………………………124
表 5-1　宏观交通模型中居民出行交通方式校验结果与调查结果对比表……153
表 5-2　宏观交通模型中居民出行目的构成校验结果与调查结果对比表……154
表 5-3　奥运场馆仿真模型参数标定具体内容表………………………………………157

后　记

《北京奥运交通丛书》在有关单位的鼎力配合下，终于付梓印刷了，北京市交通委员会和北京交通发展研究中心在丛书的组织编著过程中，得到了北京市交通委员会路政局、北京市交通委员会运输管理局、北京市交通执法总队、北京公交集团、北京市地铁运营公司、北京市轨道交通建设公司、北京市基础设施投资公司、北京市首都公路发展集团、北京市公联公路联络线公司、北京市市政路桥集团、北京祥龙公司、北京市轨道交通指挥中心、北京市公安局公安交通管理局、原北京奥组委交通部等单位有关负责同志、专家学者和工作人员的大力支持。

刘小明、王兆荣、全永燊、郭继孚、郭卫亮、孙壮志等同志对丛书的架构和内容设计付出了辛勤的劳动。

参加本书的起草和修改工作的人员有：孙壮志、陈燕凌、安志强、姚广铮、史建港、周悦、刘新华、马海红。徐立泉、黄迪、郭占全、刘剑锋、胡新宇、李明伟为本书的编写提供了大量资料。

北京市交通委员会、北京市交通委员会路政局、北京市交通委员会运输管理局、北京交通发展研究中心、北京公交集团、北京市轨道交通建设公司、北京市地铁运营公司、北京祥龙公司和柏诚（北京）公司等单位也为本书提供了宝贵的资料。

在此，对参与编写工作的各单位和各位同志付出的辛勤劳动表示衷心的感谢！

本书的出版得到了人民交通出版社戴慧莉编辑的帮助，她认真负责的工作态度与高水平的编辑能力，为本书增色很多，在此一并表示感谢！

《北京奥运交通丛书》编著委员会

2010 年 2 月

参考文献

[1] 北京交通发展研究中心.《北京交通发展纲要2004 ~ 2020》及其综合研究报告[R]. 北京：北京市交通委员会，北京交通发展研究中心，2004.

[2] 北京市规划委员会.《北京城市总体规划2004 ~ 2020》的交通专项规划报告[R]. 北京：北京市人民政府，2004.

[3] 北京交通发展研究中心等.《奥林匹克公园综合交通规划》[R]. 北京：北京交通发展研究中心，2004.

[4] 北京交通发展研究中心.《第29届奥运会比赛场馆周边交通设施规划》[R]. 北京：北京交通发展研究中心，2008.

[5] 柏诚工程咨询（北京）有限公司编制的.《奥运专用道交通仿真评价报告》[R]. 北京：柏诚工程咨询（北京）有限公司，2008.

[6] 北京交通发展研究中心、北京公共交通研究所.《奥运专线公交网络规划及运营组织计划》[R]. 北京：北京交通发展研究中心，2008.

[7] 北京交通发展研究中心.《奥运出租汽车运营组织规划》[R]. 北京：北京交通发展研究中心，2008.